用幽默的方式，表達你的意思

Humorous way to say your opinion

心理學家威廉・詹姆斯曾說：「**幽默雖然不是什麼特異功能，卻能輕鬆化解原來尷尬或對立的場面。**」
幽默是人際交往最好的潤滑劑，當你遭遇尷尬、對立的場面，或是不同意某些觀點，與其和對方大眼瞪小眼，甚至爭得臉紅脖子粗，倒不如適時藉由幽默的言行，巧妙地表達出自己的意思，更能達成一針見血的效果。

《罵人不必帶髒字》系列暢銷作家
文彥博 編著

中國當代作家王蒙曾說：「**幽默是一種酸、甜、苦、鹹、辣混合的味道。嚐起來似乎沒有痛苦和狂歡強烈，但比痛苦狂歡還耐嚼。**」
用幽默詼諧的方式看待人間百態，不僅能讓自己輕鬆愉快，更可以在風趣的言談中，輕而易舉地化解那些惱人的事情。
當你面對一樁又一樁惱人的事，與其憤怒地破口大罵，還不如先讓放鬆緊繃的心情，再用幽默的方法表達自己的想法。

•出版序•

用幽默的方式，表達你的意思

幽默的話語不只可以替自己解圍，同時也是有效溝通的工具。真正聰明的人，絕對不是氣焰最盛的那個，而是懂得用幽默的方法秀出自己看法的人。

心理學家威廉．詹姆斯曾說：「幽默然不是什麼特異功能，卻能輕鬆化解原來尷尬或對立的場面。」

幽默是人際交往最好的潤滑劑，當你遭遇尷尬、對立的場面，或是不同意某些觀點，與其和對方大眼瞪小眼，甚至爭得臉紅脖子粗，倒不如適時藉由幽默的言行，巧妙地說出自己的想法，更能達成一針見血的效果。

面對別人的反對、質疑或批評，與其激烈爭辯或惡言相向，倒不如選擇輕鬆因應，用幽默的方法秀出自己的想法。

在一個團體、一間公司、一個政黨中，必定都會有小團體或者派系之爭。在競爭的環境裡，每個人爲了穩固自己的權力與利益，最常出現的做法，就是盡一切可能消滅自己的敵手。

這樣一來，如果發生正面衝突，通常會落得兩敗俱傷、得不償失的下場，也讓旁觀者留下半斤八兩的壞印象。

所以，聰明的人懂得避開正面衝突，改用對方的話反諷對方，這樣既顯出自己的智慧，也讓旁觀者留下好印象。

曾擔任過加拿大外交官的賈斯特．朗寧，一八九三年出生於中國湖北省的襄樊市，直到年紀稍長，才隨著父母親回到祖國。

朗寧是個能力不錯的年輕人，事業上也有很好的成績。三十歲那年，他決心投入政治，於是參加了議會議員的競選，想藉此施展自己的抱負，為更多人服務。

當時，競爭對手們紛紛挖空心思、收集資料，就是為了打擊其他候選人，讓自己多一點優勢。在一次競選辯論時，對手就利用他在中國出生這個事實，打算對他大作文章，加以攻擊、詆毀。

對手指責他道：「你出生於中國，就是喝中國人的奶長大。你身上流的是中國人的血，根本沒資格參選。」

他們以為這枚「強力炸彈」足以把朗寧炸得體無完膚。

沒想到朗寧一點也不受影響，反而坦然應對：「根據有力人士透露，你們是喝牛奶長大的，那你們身上必定有牛的血統！」

他的話一說完，全場觀眾馬上報以熱烈掌聲，大聲叫好。

對手被搶白得面紅耳赤、啞口無言，最後朗寧在這次競選中高票獲勝。

在這方面，維斯辛基的表現也相當高明。他是蘇聯前外交部長，出生於貴族世家，是一位以能言善道著名的外交家。

在一次聯合國大會上，英國工黨的一名外交官向他挑釁：「你是貴族出身，我的祖先則是個煤礦工人。我們兩個誰才能真正代表工人階級呢？」

維辛斯基從容地從座位上站起來，踏著穩定的腳步走上講台。全場瀰漫著一股緊張氣氛，當大家都以為這位蘇聯外交部長一定會長篇大論地進行一番反駁時，卻見他平靜地掃視全場，最後看著對手說了一句話：「很不幸的，我們兩個都當了叛徒！」

出糗與批評，是每個人都沒有辦法逃避的人生考驗，敵人永遠會想辦法挖掘你的弱點，刺激你的缺陷，好讓你暴露出更多弱點，然後輕而易舉把你攻擊得體無完膚。這時候，你必須學會幽默，因爲幽默的話語不只可以替自己解圍，同時也是有效溝通的工具。

人們遇到他人的批評、攻擊時，通常第一個反應是反駁，但話一出口，就點燃了雙方的戰火。

這種情況下，即使是有理的一方，也會失去原本的優勢，因爲別人看到的是互相攻擊的醜態，而忘了是誰先點火的。

如果朗寧和維辛斯基因爲對方的言語而動怒，只會激動地辯解，這樣就正好掉入對方的圈套裡，再多的解釋也是欲蓋彌彰。但若用技巧性的言語，「以其人之道，還治其人之身」，用幽默又有涵義的方法反駁，不僅能讓對手被自己的話反將了一軍，更讓衆人看見自己的高ＥＱ。

當別人擺明爲了某些目的、手段，硬是要開啓這場戰火時，最好的方法就是將衝突分解，讓目標轉移，再找出其中可用的材料爲自己加分。

眞正聰明的人絕對不是氣焰最盛的那一個，而是懂得察言觀色，能用幽默的方式表達自己意思的人。

幽默是人際交往最好的潤滑劑，讓人發噱的幽默言談，往往最能讓對方深思你眞正要表達的意思。

想要表達自己的想法，最好使用幽默的方法。面對別人的反對、質疑或批評，與其激烈爭辯或惡言相向，倒不如選擇輕鬆因應，用幽默的方式說出自己的意思。

本書《用幽默的方式，表達你的意思》，是作者舊作《用幽默的方法，秀出你的想法》與《用幽默的心情，看待惱人的事情》的全新修訂合集，謹此向讀者說明。

【出版序】用幽默的方式，表達你的意思 ●文彥博

PART 1 懂得借力使力，人生無往不利

真正聰明的人一開始都不是氣焰最盛的那一個，而是懂得察言觀色，能將對方的攻擊轉化為自己手中武器的人。

吃了悶虧，不能自認倒楣 022
用智慧的語言使人際關係更圓滿 026
投其所好便能輕易達成目標 030
態度體貼，對方就無法拒絕 035
以樂觀的態度走上人生旅途 039
與人相處，必須帶有堅持 043
懂得察言觀色，就不必巧言令色 047
不拘泥法則，才活得怡然自得 051

PART 2 不肯認錯，小心自食惡果

犯了錯不妨給自己面對錯誤的勇氣，試著自我解嘲，要是明明犯了錯卻還要強詞奪理，推卸責任，終會自食惡果！

用錯小聰明只會敗壞名聲 056
不要成為問題惡化的幫凶 059
把問題簡化，難題自能輕鬆解答 063
少一點計較，就能體會生活的美好 067
不肯認錯，小心自食惡果 070
控制情緒，才能爭得佳績 073
學會珍惜，能讓空虛感遠離 076
抱持真心，自然能得到人心 079
換個角度，不要老自以為是 083

PART 3

用鼓勵代替冷言冷語

把心放寬一些，學會用鼓勵的方式來振奮人心，而不要用指責或苛責的話來刺激對方，更能激發對方積極向上。

用幽默的方式，說出尷尬的事 088
冷靜，才能走出困境 091
尊重別人等於尊重自己 095
想多得一點關照，要懂得彎腰之道 098
做人越虛偽，越得不到機會 101
是苦是樂，都是自己的選擇 105
態度積極就有好運氣 109
不要讓真話變成傷心話 112

PART 4

不要把機智用在掩飾錯誤

要找一個好的藉口理由來掩飾錯誤不難，但問題始終存在，終有一天總會揭開，我們也無可避免要面對。

一句忠言勝過十句讚美 118
不要把機智用在掩飾錯誤 121
懂得輕鬆溝通，就能進行良性互動 124
把話說得巧，效果會更好 128
太強勢，男人只會敬而遠之 132
勇於負起責任，人生才走得平順 135
認真省思，不要老做表面功夫 139
只要有心，幸福並不難尋 142
想不開，人生就不會精采 145

PART 5

用幽默代替怨尤

幽默感是一種力量，因為它讓我們能用更正面的角度去面對一切。遇到了挫折，也不會把精力花在怨天尤人上。

用幽默的心情，看待惱人的事情 150
用幽默的方法，避免彼此尷尬 154
樂觀面對，人生處處是機會 157
把心裡的壞情緒排泄出去 160
用幽默代替怨尤 163
保持冷靜才不會出錯 166
想要受尊重，就要先付出尊重 169
用冷靜的態度面對他人的意見 172
用實力贏得他人的尊敬 175

PART 6

不管有沒有機會，都要幽默以對

別埋怨機會的優劣，只要盡全力表現，勤於變通思考，那麼看似平凡的機會，便有可能成為你跨入不凡機運的媒介。

搞不清楚，就會越錯越離譜 180

不管有沒有機會，都要幽默以對 183

用幽默的方法，秀出自己的想法 186

從對方的角度尋找出路 190

別在錯誤中執迷不悟 194

多給孩子正面積極的生活態度 197

要實現心願，就要少一點埋怨 201

多與孩子溝通，尋求彼此認同 205

終日迷醉，只會錯過機會 209

PART 7

難過的時候，為自己找個藉口

越難過的時候，越需要幽默，當彼此的關係惡化，不妨適時為自己也為別人找個藉口，緩和彼此心中的那些不滿情緒！

提防虛情假意的小人 214

越會想像，就有越多選項 217

用輕鬆的心情面對環境 221

難過的時候，為自己找個藉口 225

與其計較，不如想想解決之道 229

與其揣測，不如直接提問 233

教孩子把天分用在正當的地方 237

先充實能力，再問機會在哪裡 241

PART 8

適時退讓，才不會兩敗俱傷

事無十全十美，沒有人能永遠勝利；我們必須懂得取捨，因為什麼都想要、什麼都強求的人，往往最後什麼都得不到。

別被莫名其妙的小事情影響心情 246
小心用善意包裝的魔掌 249
適時退讓，才不會兩敗俱傷 252
用行動證明自己的實力 255
死不認錯，只會一錯再錯 259
說錯話的傷害難以彌補 262
懂得分享，快樂才會加倍成長 265
人生的答案要靠自己尋找 268
太過鐵齒，只會換得悽慘的下場 271

PART 9 過度陶醉，就會忘了自己是誰

逃避責任的享樂，其實是空虛而短暫的，最終它會帶來的痛苦，絕對遠在快樂之上。

有實力，也要有表達能力 276

過度陶醉，就會忘了自己是誰 279

傷人的真話，能讓人認清自己 282

凡事多觀察，才不會淪為大傻瓜 285

多觀察，才能看清真相 288

只看表象，往往得不到真相 291

沒說出口，不等於不知道 294

得意之前，要先搞清楚狀況 297

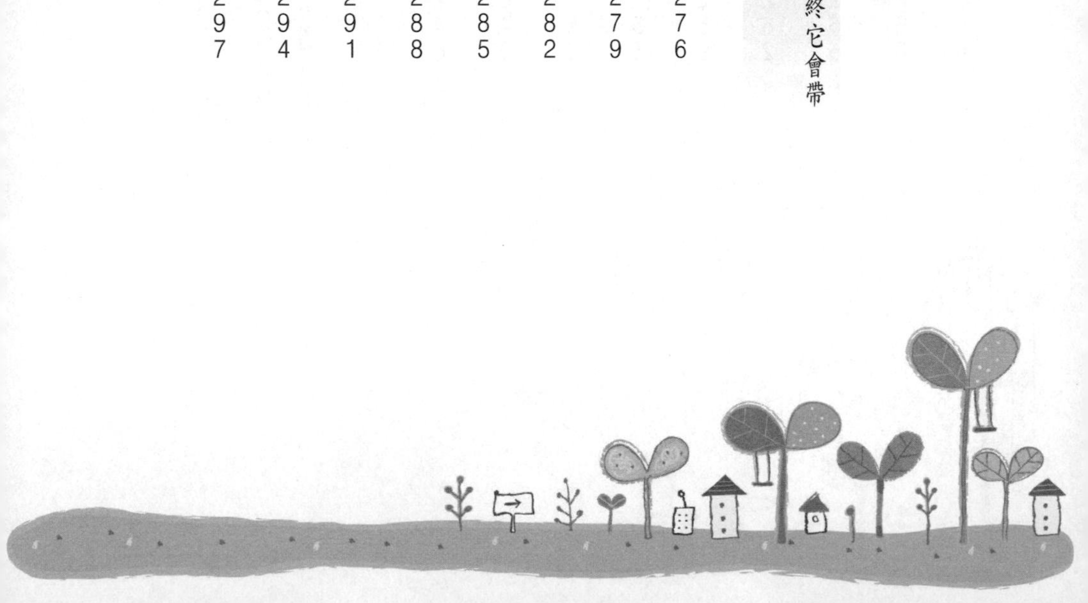

PART 10

用智慧看穿他人的惡意

智慧是一種不受他人影響、能夠獨立思考的能力；唯有帶著智慧，我們才能看清楚黑暗中的陰影。

用智慧看穿他人的惡意 302
別浪費他人的生命 305
別忽視前人的人生智慧 308
了解情況，才不會變成待宰肥羊 311
有準備，人生才能走得更順暢 314
爬得越高，越要小心謹慎 317
別被貪心蒙蔽了你的眼睛 320
找到癥結，才能真正解決問題 323
做人低調，不代表能力不夠好 326

PART 11

一味掩飾，只會讓事情更難收拾

虛假的謊言沒有辦法帶來真正的建設與進展，如果不能看清這點，一旦真相揭露，只會讓事情變得更難以收拾。

用開放的心情看待大小事情 330
美麗的謊言，永遠不會變成真相 333
年紀漸長，智慧也要跟著成長 336
想成功，就要與眾不同 339
自敬自重，自然受人尊重 342
一味掩飾，只會讓事情更難收拾 345
掌握溝通原則，避免誤會發生 348
一知半解，最是危險 351

PART 12

樂觀處世，就能開心過日子

即使前方看來已經沒有可走的路，只要把心態調整好，又有什麼樣的旅程能教我們灰心喪志呢？

讓生活簡單，就沒有負擔 356

多引導，才能使孩子多思考 360

腦袋空空才會不懂裝懂 364

真心誠意，勝過任何大禮 367

主動出擊，機會才會屬於你 371

用鼓勵代替冷言冷語 374

樂觀處世，就能開心過日子 377

成功與否，不能光靠運氣 380

懂得借力使力，人生無往不利

真正聰明的人一開始都不是氣焰最盛的那一個，

而是懂得察言觀色，

能將對方的攻擊轉化為自己手中武器的人。

吃了悶虧，不能自認倒楣

改變處世態度，即使是弱者也能威嚇他人。對於不講理的人，只有轉變態度與對方抗爭才能改變現狀。

雖然傳統教育教導我們的是凡事不斤斤計較，即使是對自己無禮、不尊重的人，也不能用同樣無禮的態度回敬。

然而，世間的人形形式式，有些人就算你不去招惹他，對他百般忍耐，他也會自己來招惹你。面對這種人，如果可以眞的做到完全不計較、不在意，那日子倒還好過；若只是自我安慰，欺騙自己毫不在乎他人如此對待，只是顯現出自己的懦弱而已。

要知道，對付「欺善怕惡」的人，最好方法就是以其人之道還治其人之身，甚至，有時候恫嚇也是一種方法。

才華出眾的德國作曲家華格納由於自視甚高，因此待人傲慢，以捉弄別人為樂。例如，當觀眾為他精采的創作而熱烈鼓掌時，他反而突然打斷掌聲，奚落大家說他的作品不是為了引起狂熱，讓聽眾尷尬不已。

只要是初次慕名到他家拜訪的人，通常要在客廳裡等上很長的時間。

好不容易等到主人出現了，也要有大排場迎接他，才肯走下樓接待客人。這時，客廳的門會一下子突然全部打開，僕人站滿兩旁，好像他是一位國王，必須前呼後擁似的。

接著，他會帶著傲慢無禮的氣勢站在樓梯上，用鄙夷的眼神把客人從頭看到腳，讓人感到不舒服。

甚至他的穿著也會故意侮辱人，有時候，他穿著天鵝絨或緞子製的都鐸王朝時期的裝束，頭上戴著亨利四世戴的那種帽子，奇怪的裝扮常常讓客人覺得莫名其妙。然後，他才會解釋說，穿這種服裝是為了培養作曲時的靈感。

有一次，大作家大仲馬懷著崇敬的心情前去拜訪華格納，沒想到也受到了同樣的待遇。大仲馬雖然不高興，仍然耐著性子謙虛地說即使自己對音樂幾乎是一無所知，也明瞭華格納所作樂曲的美妙。但是從頭到尾，華格納臉上沒有一絲笑容，根本不理會大仲馬的話。

後來，大仲馬再也忍耐不下去，就立即告辭，憤憤離開了。回到住處後，他馬上寫了一篇諷刺文章，寄到巴黎一家報社。文中寫道：「華格納的曲子是噪音，靈感來自於黑漆漆的鐵器店裡一群貓的亂蹦亂跳。」

哪知文章還未發表，華格納便到大仲馬家拜訪了。這位一向傲慢的音樂家怎麼也想不到，自己也會遭到生平第一次的漠視。他不僅在休息室裡等了半個多小時，才被僕人帶到客廳，而且連一杯水也沒喝到。

又等了很久後，大仲馬才慢吞吞地走出來，頭戴羽毛盔，身穿插著鮮花的睡衣，還帶了一隻軟木的救生圈。

「請原諒我穿著工作服，」大仲馬神氣地說：「現在我的腦子有一半在帽子裡，另一半則在長統靴裡，我正準備穿上它，寫下一段愛情故事。」

大仲馬總算以其人之道報了上次的「一箭之仇」，可說是大快人心。類似華格納這種無禮傢伙能夠一直惡形惡狀地生存下去，原因在於人們面對這種情況，通常會摸摸鼻子自認倒楣，而後無奈離開。

要知道，一旦改變處世態度，即使是弱者也能威嚇他人。

曾有個在婚姻中長期受到丈夫精神虐待的婦女，在某一次丈夫又開始欺負、嘲諷她時，突然改變以往默默承受一切的可憐相，嚴厲地加以反擊。丈夫從來沒想到「懦弱」的妻子也有這麼「強勢」的一面，從此以後再也不敢小看她了。

吃了悶虧不能自認倒楣，軟弱、逃避問題，是無法解決事情的。對於不講理的人，只有轉變態度與對方抗爭才能改變現狀。

用智慧的語言使人際關係更圓滿

靈活地運用語言，幽默中帶有智慧，謹慎處理談話內容，體諒對方心情，對於開拓圓滿的人際關係，有著極大的影響。

最棒的談吐莫過於用長久累積下來的「社會智慧」進行問答，必須要懂得察言觀色，然後再作出適當的回答，如此在言詞方面不僅能夠體貼對方的感受，傳達關愛的感覺，還可以有效解決問題。

或許有人會認爲，要做到這點並不難，只要使用尊敬的口吻與人談話即可。只是，雖然禮貌是談話時重要的一環，但是使用的效果因人而異，因爲說話時口氣過於有禮，有時會讓人有種冰冷、不近人情的感覺。

因此，無論哪一種說話的方式，最好的選擇都在於「能夠讓對方接受」以及「站在對方立場」的言詞。

有一次，美國前總統雷根在白宮鋼琴演奏會上發表感言時，突然「碰」的一聲，第一夫人南茜女士竟不小心連人帶椅摔倒在台下的地毯上。

全場觀眾發出一陣驚叫，但是南茜夫人卻若無其事地爬了起來，坐回原位。這時，站在台上的雷根總統看見夫人沒有受傷後，便說了一句俏皮話：「親愛的，我不是告訴過妳，只有在我沒有獲得掌聲的時候，才需要這樣表演！」

兩百多位聽眾馬上報以熱烈的掌聲。

英軍總司令威靈頓公爵在滑鐵盧大敗拿破崙，凱旋返回倫敦時，舉辦了一場相當隆重而盛大的慶祝晚宴。

這次宴會邀請了許多社會名流、貴族紳士，還有許多參戰有功的軍官和士兵。

當天的菜餚非常豐盛，到處洋溢著歡欣的熱鬧氣氛。宴會接近結束時，侍者在每一位客人面前擺上了一碗放著檸檬片的清水。在大家尚未進行下一個動作時，突然，一名士兵大大方方的將這碗水端起來就喝了一大口，見到這個情形，全場來賓都爆出笑聲。

原來，那碗水是在吃點心前用來洗手的，但是這位士兵出生於農家，根本不懂得宮廷裡的用餐禮儀，結果就鬧出了這樣的笑話來。

當士兵羞得滿臉通紅，恨不得挖一個地洞鑽進去時，威靈頓公爵突然站了起來。他端起身前的那碗洗手水，舉高向所有的來賓說：「各位女士、先生們，讓我們共同舉杯向這位英勇的戰士乾一杯吧！」

在一陣熱烈掌聲之後，大家舉杯同敬這位士兵。

雷根總統和威靈頓公爵不僅有很高的ＥＱ，和幽默、厲害的說話技巧，更有豐富的「社會知識」。

一般人碰到身邊同行的人鬧出笑話時，第一個反應通常是想找個地方躲起來，當作不認識對方，或覺得很丟臉而窘迫不已。

雷根總統卻能巧妙化解尷尬氣氛，讓人激賞他的幽默；威靈頓公爵的人品與作風更讓人大為感動，即使對一個小兵都能表現他對人的關愛。這也是他們能成為人們信賴且願意追隨的對象的原因。

充滿和諧氣氛的說話內容，能夠使我們放鬆情緒、緩和神經，還能給予對方好感。善用詼諧的話語，偶爾自嘲一下，就能享受對話的樂趣。

一個人說話的內容固然很重要，但是隱藏在言語底下的心思更為重要。我們可以從對方說話的口氣、小動作、遣詞用字等地方，看出那個人的內在本質。

靈活地運用語言，幽默中帶有智慧，謹慎處理談話內容，體諒對方心情，對於開拓圓滿的人際關係，有著極大的影響。

投其所好便能輕易達成目標

說話要正中下懷，做事對症下藥。當順勢把一個人推上台階可以有利於自己時，那就不用太堅持事實了。

美國人際關係大師卡內基曾舉例，當你想釣一條魚的時候，不是用自己喜歡吃的東西去引誘牠，這樣魚兒是不會上鉤的；魚鉤上放的，一定要是魚兒喜歡的食物，這樣魚兒才會上鉤，才有可能釣到魚。

人與人之間的應對，也是相同的道理。

人的眼睛和耳朵不會放過對自己有利的事情，因此，當我們希望引起一個人的注意，或者導引他朝自己設定的方向前進時，必定要懂得投其所好。

有一次，傑出的藝術家米開朗基羅應義人利佛羅倫斯市政長官的委託，將一塊巨大的大理石雕成人像。

米開朗基羅花了兩年多的時間，終於雕刻出一個英雄形象。

揭幕那天擠滿了觀看的人潮，布幕揭開的一刻，眾人都被高超的雕刻技巧折服而讚歎不已。唯獨市政長官將雕像端詳了一陣後，臉色不悅地說：「我不喜歡這尊雕像，它的鼻子太長了。」

米開朗基羅知道市政長官只是裝腔作勢，根本不懂藝術，於是馬上說：「先生，我立刻讓它改變形象，使您滿意。」

說完，他抓了一把大理石粉爬上雕像，煞有其事地在雕像的鼻子上敲來敲去，同時讓手中的大理石粉撒落下來，以示正在修改。

市政長官看了，高興地說：「太好了，你這一改，雕像好看多了！」

其實，他根本不知道，雕像還是原來的樣子，米開朗基羅只是略施小技，巧妙地保護了自己的作品而已。

有一次，英國偵探小說女作家阿嘉莎．克莉絲蒂，前去參加一個朋友的生日宴會。宴會結束準備離去時，已經是凌晨兩點了，克莉絲蒂一個人走在空蕩蕩的大街上，冷風襲來，心中不禁一陣顫慄。

突然，一道黑影閃到她的面前，一個男人閃著手裡亮晃晃的尖刀對她說：「您好，太太。我想您不願意死在這兒吧？」

「你要什麼？」克莉絲蒂很快反應過來。

「請您把耳環摘下來，太太。」

克莉絲蒂立即摘下耳環遞了過去。

「現在，我可以走了吧？」她一邊說，一邊故意用另一隻手合上外套的領子，將脖子蓋住。

強盜注意到了克莉絲蒂這個微小的動作，盯著女作家說：「請把您的項鍊也取下來，太太。」

「那不值錢，請讓我留著吧。」克莉絲蒂哀求道。

「廢話少說！快點拿來。」強盜把手中的刀在克莉絲蒂眼前晃了晃，惡狠狠地威脅著。

克莉絲蒂這才不捨地取下項鍊丟在地上。

強盜扔下耳環，撿起項鍊就逃了。

克莉絲蒂望著那人的背影笑了。她拾起地上的耳環，自言自語道：「不識貨的蠢東西，這副耳環才真正有價值，可值四百八十英鎊呢！被拿走的項鍊只值六英鎊十先令！」

有些人喜歡在衆人面前裝模作樣、賣弄知識，展現他的權勢。若他剛好是個不能得罪的人，我們也只能順勢推舟，滿足他自大的心理。就像米開朗基羅沒有一語道破對方不懂得藝術，反而讓市政長官覺得自己很有藝術涵養，也藉此保護了自己的作品。

克莉絲蒂更不愧身爲偵探小說名家，非常了解罪犯的心理。強盜要的就是值錢的東西，表現得愈捨不得，就顯示這個東西愈有價值，因此她反過來用較不值錢的項鍊釣強盜的胃口，才得以保住更值錢的耳環。

說話要正中下懷，做事要對症下藥，人的眼睛和耳朵不會放過對自己有利的事情，投其所好就能達成自己的目標。

當順勢把一個人推上台階可以有利於自己時，那就不用太堅持事實了，因爲對著一塊石頭講再多的話，它也不會點頭的。

態度體貼，對方就無法拒絕

人的欲望各不相同，唯有體貼對方的需求，才能博得他人好感，進而使對方接受自己的意見。

合作任何一件事時，想讓對方配合自己，除了必須使對方心甘情願之外，還要設法迎合對方的期望，這樣才有辦法達成自己想要的目標。

人與人的相處，不能只考慮自身的利益和立場，即使自己站在有理的一方，也要費點心思爲對方著想。將重點放在能爲對方帶來什麼好處，才能使事情有客觀的發展，也較易讓人有合作的意願。同時要使對方了解，決定權在對方身上，沒有任何人可以左右他。

有一次，英國首相邱吉爾和夫人克萊門蒂娜一同出席某位重要人士舉辦的晚宴。席間，一位外國外交官看見一只小銀盤，心裡很喜歡，就偷偷將銀盤塞入懷裡，這個小小的舉動剛好被女主人發現了。

為了顧及對方的面子，細心的女主人並沒有當面揭穿，但是她很著急，因為那只小銀盤是一套深具紀念價值古董中的一部分，對她來說非常重要。

不知道該怎麼辦的時候，女主人靈機一動，求助邱吉爾夫人，看看是否有比較好的方法把銀盤拿回來。

邱吉爾夫人略加思索後，便向丈夫耳語一番。

只見邱吉爾微笑著點點頭，隨即用餐巾作掩護，也「竊取」了一只同樣的小銀盤，然後走近那位外交官。

邱吉爾故作神秘地掏出口袋裡的小銀盤對外交官說：「我也拿了一只同樣的小銀盤，不過我們的衣服已經被弄髒了，所以應該把它放回去。」

外交官有點慚愧，但是仍然對此語表示完全贊同。於是，兩人就將盤子放回桌上，小銀盤就在平和、不動聲色的情況下物歸原主了。

美國總統羅斯福有一次寫信給衛爾．塔夫，信中充滿希望由他出任最高檢察長的意思，但是在這封信的結尾，羅斯福這樣寫著：「衛爾，這件事最後該怎麼做，決定權還是取決於你自己。就像當初沒有人替我決定，究竟該隨軍出征，還是留在首都做海軍次長？是做副總統，還是仍舊做州長？因為自己最懂得自己，外人的意見只是個參考。自己做出的決定，才是最正確且有把握的。」

塔夫收到這封信後，立刻就答應接任了。

「以退為進」是羅斯福與邱吉爾待人的方式。他們並沒有強硬表達自己的意願，而是從對方的立場來為他們設想。

邱吉爾以「共犯」的身分讓外交官明白偷竊是不好的行為，這樣不但能保住外交官的面子，也可以漂亮的私下解決這件事。

羅斯福則非常了解人性，明白有時候強硬的命令反而容易讓人反抗，於是巧妙地換個方式，讓決定權回歸到衛爾．塔夫的身上。

此舉讓衛爾·塔夫有受人尊崇和敬重的感覺，即使原本沒有出任意願，也會信服這位有智慧的領導者。

人的慾望各不相同，每個人所重視的都不一樣。因此，與人交往要特別注意每個人的需求，唯有體貼對方的需求，才能博得他人的好感，進而使對方接受自己提出的意見。

以樂觀的態度走上人生旅途

樂觀的人比較有自信，就算碰到難題也會勇往直前，比起悲觀的人更敢於承擔事情的風險，當然成功的機會就比較大。

沒有生來不幸的人，只有選擇不幸的人，用積極的想法過日子，人生是彩色的；生活中只剩消極的想法，人生當然是黑白的。

面臨考試日期將近，樂觀的學生倒數日子時，會想著：「太好了！我『還有』這麼多天可以唸書。」

悲觀的學生則愁眉苦臉地嘆氣：「『只』剩下幾天而已，一定來不及的。還有那麼多書沒看完，大概也考不上了，乾脆放棄算了。」

就這樣，樂觀的學生加緊腳步，把握最後幾天作考前衝刺。悲觀的學生則連做最後總複習的心情也沒有，之前的努力不僅白白浪費，更因爲心理因素影響到自信，把該把握的分數也丟掉了。

有一次，一名新聞記者問大文豪蕭伯納：「蕭伯納先生，請問樂觀主義者和悲觀主義者的區別何在？」

只見蕭伯納撫摸著他引以自豪的鬍鬚沉思了一會兒，便回答說：「這很簡單。假設一個人在口渴又缺水的狀況下，正好看見桌上有一杯剩下一半的水，看見這杯水的人如果開心地叫喊：『太好了！還有一半呢！』這就是樂觀主義者；如果這個人只是哀愁地對著這杯水嘆息：『真糟糕！只有半杯而已。』那就是悲觀主義者了。」

巴爾肯是美國著名的社會心理學家，某次在宴會上他提出了一個建議，請在場所有人用最簡潔的語言寫出一篇「自傳」，行文用句要簡潔有力到甚至可以刻在墓碑上作為死後用的墓誌銘。

所有的人開始冥思苦想，遲遲無法提筆作文。

當大家頗為苦惱時，有一個年輕人卻迅速站起身來，交給巴爾肯一篇只有三個標點符號的自傳：一個破折號，一個感嘆號和一個句號。

巴爾肯充滿興致地問年輕人這三個標點符號各代表什麼意思，年輕人回答道：「一陣橫衝直撞，落了個傷心自嘆，到頭來只好完蛋。」

望著那位年輕人憂鬱的神情，巴爾肯沉思了片刻，提筆在這篇「自傳」的下方有力地寫了三個大大的標點符號：一個頓號、一個刪節號和一個大問號。

看著年輕人不解的神情，巴爾肯用鼓勵的口吻說：「青年時期只是人生一小站；道路漫長，希望無邊；豈不知『浪子回頭金不換』？」

人都有許多無可避免的煩惱，但是眞正擴大這些「痛苦」指數的，其實是自己。一件事情發生時，總是持負面想法的人會瞬間陷入谷底，活在自己的狹小空間中，腦子裡只有「一切都完了」、「人生再也沒希望」的聲音迴盪。就算面對的是不那麼嚴重的問題，也以爲世界即將毀滅。

跟悲觀的人相處，無疑是一件辛苦的事。因爲快樂的時候，卻看見一張苦瓜臉，那再怎樣快樂的人大概也笑不出來了，滿心歡喜被大打折扣，久而久之，任誰都會受不了。

樂觀的人比較有自信，就算碰到難題也會勇往直前，比起悲觀的人更敢於承擔事情的風險，當然成功的機會就比較大。

不管你怎麼想，地球依然運轉，太陽仍舊升起，事情並不會因爲抱怨而改變。那麼，何不讓自己輕鬆過日子呢？

與人相處，必須帶有堅持

對任何事情，都要有一定的堅持。「軟弱的人格」較容易招來失敗，因為這種人放棄了自己存在的價值，也容易失去信心。

人的性格，大致可分爲「強硬」與「軟弱」兩種型態，這兩種類型的人也容易因爲互補而湊在一起。但是，完全以「強硬」或「軟弱」的方式來處理人際間的交往，那就不是一個好現象。

個性強的人，通常以自我爲中心，雖然認同他人的意見，卻不代表會因此改變自己的看法和堅持；個性弱的人，則完全以迎合他人意見、維持和諧氣氛爲主，但是，相對的也容易失去自己的聲音。

有一次，俄國鋼琴家魯賓斯坦舉行個人音樂會，由於受到大家的喜愛，門票很早就賣光了。

就在演出即將開始時，助理為難地告訴魯賓斯坦，一位貴族太太堅持要見他，魯賓斯坦只好答應先見她一面。

貴族太太一見到魯賓斯坦便端起架子，一臉傲氣地「告訴」他，要他幫自己弄張門票來，即使魯賓斯坦向她解釋門票已經售光了也無濟於事。她仗著貴族的身分，認為自己應該享有平民沒有的特權，因此堅持要魯賓斯坦幫她拿到票。

魯賓斯坦雖然很無奈，還是很有禮貌地回答說：「夫人，現在只剩下一個座位。如果您願意的話，我非常願意奉送給您。」

貴族太太一聽喜出望外，以貴族傲視平民的態度說：「謝謝你，但是，我要坐在前面，我想這應該不會有問題吧。」

「是的，我這個座位是在前面，而且是在最前面。」魯賓斯坦用手指著舞台說：「就在舞台上，鋼琴那裡！」

貝多芬二十二歲那年，懷著對音樂的熱愛和迷戀之情，來到世界音樂的中心維也納居住。在這裡，一位名叫李希諾夫斯基的公爵對他的音樂非常傾慕，常常把他接進宮殿居住，款待他有如上賓一般。

貝多芬是個很重情義的人，自然很感激公爵的好意，可是，就在一次事件中，他和公爵鬧翻了。

原來，在公爵舉辦的一次宴會上，拿破崙部隊的軍官也前來赴宴。公爵對他們點頭哈腰，百般諂媚，還要貝多芬演奏樂曲來助興。

視權貴如糞土的貝多芬斷然拒絕了公爵的兩次請求，非常瞧不起公爵的行為，即使外面下著大雨，貝多芬也全然不顧，憤慨地離開了公爵家。

一回到家，他便舉起公爵送給他的胸像，用力地向地上摔去，然後致函給公爵。「你之所以為你，是因為偶然的出身；我之所以為我，是靠自己的力量。公爵現在有，將來也會有，而貝多芬卻永遠只有一個。」

從此以後，貝多芬不再與公爵往來。

魯賓斯坦和貝多芬都可歸類爲態度強硬的人，兩人的差別在於魯賓斯坦的強硬中帶點柔和，貝多芬的強硬則不假辭色。

對任何事情，都要有一定的堅持。雖然個性強的人往往不會顧及他人的感受，直接表達自己的意見，可是，通常這樣的人也比較容易成功。

至於軟弱的人會顧慮東、顧慮西，最後放棄發言的機會。「軟弱的人格」較容易招來失敗，因爲這種人放棄了自己存在的價值，也容易因此而失去信心。

可是，並非強硬就是最好的，不是所有的事情都要堅持到底，有時候，倘若影響不大，順其自然就好。所以，最好的人際相處模式便是在強硬的態度中，加入適度的柔軟，人與人之間的關係才能達到平衡。

懂得察言觀色，就不必巧言令色

善於利用語言，並不是代表做人就要巧言令色，而是要提高與人和諧相處、完善溝通的能力。

「說話」是人與人之間溝通的重要媒介，也最能直接表達一個人的內心想法。因此，如何將話說得恰到好處，有禮貌且貼切地運用詞彙，配合聲調的傳送，就成爲一種學問。

日常生活中，我們常常不自覺使用了不當的言詞。選擇言詞是一件非常重要的事，用得不美、用得不雅，用得不恰當，就無法打動別人的內心，最後蒙受損害的也是自己。

所謂「良言一句三冬暖，惡語出口六月寒」，說好話有如口吐蓮花，聞者清香見者舒暢，這樣的話才能說到別人的心窩裡。

英國維多利亞女王在位近六十年期間，是大英帝國繁榮鼎盛時期。這位才能出眾，頗有領導力的女王嫁給了她的表哥薩克斯．科巴格．戈薩公爵的兒子阿爾巴特。阿爾巴特原本對政治不感興趣，但是在女王的潛移默化之下，特也逐漸關心起國事來，最終成了女王的得力助手。

有一次，兩個人為了一件小事起衝突，阿爾巴特一氣之下就跑回房間，緊閉房門不肯出來。

過了一會兒，女王前去敲門。

「誰？」阿爾巴特在房間裡發問。

「英國女王。」

回答完後，再也沒有任何回應，屋裡一片寂靜無聲，房門也沒有打開。維多利亞又敲了幾次，仍然沒有回應。這時候維多利亞似乎感覺到什麼，又輕輕地在門上叩了幾下。

「誰？」房裡總算又傳出一聲回應

「是您的妻子，維多利亞。」維多利亞女王溫柔地說。

這時，門開了。

普魯士國王腓特烈二世有一天去視察柏林監獄。才剛踏入監獄，一群激動的犯人們紛紛跪在他面前，申訴自己的冤枉，又不斷表明自己是如何清白無辜。只有一個人默不作聲，靜靜地站在一邊。看見他不同於其他人的反應，腓特烈好奇地問他是為了什麼原因到這裡來。

「犯了武裝搶劫罪，陛下。」

「你認罪嗎？」

「認罪，陛下，我是罪有應得。」

聽完回答，國王向獄警招了招手說：「你過來，立即釋放這個罪犯，我不想讓他留在這裡玷污了這些清白無辜的人。」

人的類型有千百萬種，在這麼多不同型態的人裡，大致可以粗分爲「感情型」和「理論型」兩大類。

面對感情型的人，用強硬的態度相待不如訴之以情，內心敏感的他們反而容易受到感動。因爲溫柔的話語比任何權勢逼迫都還要有效，一句「您的妻子」比「英國女王」更容易召回一顆心。

與「感情型」相較，「理論型」的人就較難動之以情。不過，只要他們認爲合理的事情，大多會表示同意，例如第二個故事中的腓特烈二世。會關進監獄的人，必定犯下某些過錯，口口聲聲說自己是冤枉的、清白的，難以讓人信服，所以倒不如勇於認錯，反而讓人覺得尚有可取之處。

善於利用語言，並不是代表做人就要巧言令色，而是要提高與人和諧相處、完善溝通的能力。適當的說話方式，必定能大大提高人際關係。

不拘泥法則，才活得怡然自得

人們總要在危難中才能激發潛能，經歷各式挫折與磨難，才能學會聰明的生存技巧，一味受盡保護，那麼生存的力量恐怕會越來越弱。

有個男子問農夫：「你們家的豬都吃些什麼？」

農夫說：「吃我們吃剩的東西啊，再不然就是人們不要的蔬菜和果子。」

男子聽了，滿臉不悅地說道：「先生，這個答案要你挨罰了！」

農夫滿臉困惑地看著對方，男子繼續解釋：「你聽好了，我是本區的人民健康守護專員，因為你用營養不良的東西餵養供人們食用的動物，所以必須處以一萬元的罰金！」

不久，另一個穿著整齊的人走來問農夫：「哇，這豬真肥，請問你都餵牠們吃什麼食物啊？」

「魚翅、雞肝、海鮮之類的東西。」有了前車之鑑，農夫謹慎地回答。

「什麼？好，那你要接受處罰！聽好了，我是國際糧食委員會的人，你知不知道，全世界有三分之一以上的人口三餐不濟，但你居然餵養如此奢侈的食材，真是太過分了，今天我要罰你一萬元。」這個人說。

又過了數個月，農夫家出現了第三個人，這個人和先前兩個人一樣問農夫：「請問，這些豬吃些什麼啊？」

農夫聽了，無奈地說：「朋友，現在我每天都會給牠們十塊錢，牠們想吃什麼就自己去買。」

所幸農夫從前兩次經驗中學到了教訓，答案雖然讓人啼笑皆非，但卻不失爲一個好答案，充滿機智巧思，看似無奈的應付，卻是人們爲了保障自己以求生存的智慧應對。

人們總要在危難中才能激發潛能，經歷各式挫折與磨難，才能學會聰明的生存技巧，反之，若是一味受盡保護，那麼生存的力量恐怕會越來越弱。

不拘泥法則，才能活得怡然自得，我們不妨再從一位猶太人的遺言中，一同深思生命生存的問題。

有個猶太人生了好幾個孩子，有一個是失明的。臨死前，他立了這麼一張遺囑：「我所有的財產只給那些身體健全的孩子。」

這遺囑的意思是，那個眼睛失明的孩子一毛錢也得不到，對此，不少人都責備他太不公平了。

然而，這個老猶太人卻說：「這很公平，因為我知道，其他人不管怎麼樣，都會幫我養活這個瞎了眼兒子。可是，其他的孩子，因為上帝保佑，他們將以健全的身體在社會中獨自且難以得到支援地奮鬥下去！」

猶太人的智慧常常引人深思，他們的思考角度總是與眾不同，在大多數人「理所當然」的角度裡，他們總是反向操作，這些反思互動常常讓人從中看見了多元的生命角度。

老先生決定不把錢留給視障的孩子，是因爲他了解人們具有「同情心」，知道以弱者之姿往往能得到人們的幫助與支援，無論走得多辛苦，只要需要幫助，總能得到人們的協助，而且那個視障的孩子自己也知道由於身體上的殘缺，所以「要比別人更加努力」！

反觀身體健全的孩子，因爲大多數人「理所當然」的思考，難以獲得人們的同情支援，所以老父親把一切留給他們。也因爲將一切資源都給了他們，所以他們再也沒有資格埋怨或放棄自己，而是要更加堅強獨立，知道珍惜機運，如果一切順利，更必須發揮友愛的心，照顧身障的兄弟。

當農夫用變通的答案應付酷吏，當老先生以逆向思考解開生存之道，一樣身陷困境中的人，是否也領悟出繼續生存下去的勇氣和智慧？

輯2.

不肯認錯，小心自食惡果

犯了錯不妨給自己
面對錯誤的勇氣，
試著自我解嘲，
要是明明犯了錯卻還要強詞奪理，
推卸責任，終會自食惡果！

用錯小聰明只會敗壞名聲

處世態度輕慢的人，人們自然也不會太謹慎對待；與人交流時若是表現輕佻，那麼也難得到人們的認真對待。

有個年輕人寫了一封信給一間刮鬍刀製造商：「先生，在這封信內我附上十元美金，想購買貴公司最近廣告宣傳的刮鬍刀一把，在此向您表示謝意。」不過，信末他卻附了一行加註：「對不起，忘了裝十元美金，不過我相信，像你們這樣注重信譽的公司，一定會把刮鬍刀寄給我的。」

不久，年輕人收到該公司的回覆：「敬愛的先生，感謝您寄來寶貴的訂單，信已收到，我們也及時回覆了，我們立即寄給您刮鬍刀一把，希望您會喜歡。」至此一切看似順利，但對方也寫了一條附註：「對不起，匆忙中忘了將刮鬍刀裝入，不過，毫無疑問的，我們可以相信一件事，像您如此照顧臉皮的人，肯定暫時用不著它。」

這則故事中的年輕人與製造商同樣具有智慧，但其中的差別是，前者「賣弄小聰明」，後者「發揮小智慧」。

年輕人看似大展才智，事實上卻是曝露自己的無知，在帶點威脅「名聲信譽」的字句中，不難看出年輕人的生活態度與處世觀念。在那自作聰明的巧思中，他明白宣示自己無賴的性格，以及好逸惡勞的個性。

不要把表現小聰明或耍嘴皮當趣味遊戲，如果使用過量，不僅無法緩和人際關係，反而會讓人際出現間隙，更甚者，還會讓別人產生否定的印象。

有個年輕人對著售票員說：「小姐，我可以買兒童票嗎？」

售票員抬頭看了年輕人一眼說：「二十塊，謝謝！先生，請您記住一件事，我們這裡是以年齡計價，不是以智力來計算。」

不要高估了自己的聰明，也不要低估別人的智慧，這兩則故事都告訴我們，不管是售票員的反諷，還是刮鬍刀公司的嘲弄，都讓我們明白，不懂自重的人也得不到人們的尊重。

與其開玩笑買一張「兒童票」，或許無傷大雅，然而面對認真且忙碌於票務工作的人，不如給他一句「辛苦了，謝謝」的肯定，絕對比一句輕佻調侃的話來得讓人心動。處世態度輕慢的人，人們自然也不會太謹慎對待；與人交流時若是表現輕佻，那麼也難得到人們的認真對待。

開玩笑必須要選對情況和時機，不是所有人事物都可以開得起玩笑，也不該不分時機場合都可以賣弄小聰明，該嚴謹時便應嚴謹以對，需要輕鬆的時候，便要有微笑應對的智慧，如此才能讓人敬重，也讓人願意親近地互動。

不要成為問題惡化的幫凶

很多時候自己就是促成問題惡化的幫兇，當他人對我們出聲否定時，應該想的不是人們的偏見與狹隘，而是要仔細想想並看清自己的不足。

某教區的牧師生病了，因而教堂人員臨時從別處，請來一位以「話多」聞名的牧師暫時代替。

誰知，這名牧師站上講壇時，卻發現現場包括唱詩班的人在內，一共只來了十名聽講的信徒，不禁十分生氣。

事後，他對著教堂人員抱怨：「喂，今天怎麼這麼少人出席，難道你們事先沒有通知大家，說我要來這兒嗎？」

「沒有。」教堂人員說。

到底在搞什麼?牧師聽了這話更加生氣，怒氣沖沖地說：「我就知道，看你們幹了什麼好事！」

沒想到教堂人員旋即又客氣地道歉說：「對不起，我們真的不知道怎麼會『消息走漏』了。」

牧師聽了這個回答想必怨怒更甚，只是怒氣再大，也解決不了信徒抗拒的事實，這時，牧師該檢討的不是「爲什麼信徒不聽講」，而是「爲什麼信徒不想聽」，他該做的是「自省」，然後才能全面性地找出問題的根源。

知道信徒不是因爲「消息未發」，而是「消息走漏」，所以不出席時，牧師便應該知道問題的重點，既然問題是出在自己身上，那麼他便該先「反求諸己」，然後才要求他人。

而且，人心藏不住，若是強迫出席，信徒的反應將更爲直接，那麼他將面對的尷尬難堪，恐怕會更加強烈。

人的問題絕對不會是只是「一個人」的問題，而是所有相關的人都應該檢討反省的課題，能夠如此，不只能使自己擁有良好的人際關係，還能因爲冷靜且理性的舉動，讓彼此擁有更好的互動交流。

這個觀念延伸至社會環境中，我們可以再引下面這段常見的對話反思。

法官：「為什麼你要欺騙那些相信你的人？」

被告：「因為，想欺騙那些不相信我的人，根本辦不到，法官先生。」

簡單的對話，一語道盡了人性的灰暗面。看看社會上那些層出不窮的詐騙案件，人們往往只知一面倒地怒責他人的欺騙，卻很少有人會認眞檢討自己爲什麼會一再受騙上當。

爲何有人總能躲過這些不必要的欺騙傷害，自己卻怎麼躲都躲不過，甚至還一再受騙上當？

問題不會是單方面的責任，很多時候自己就是促成問題惡化的幫兇，一如犯人引出的重點。正因爲人們選擇「上當」，所以讓他們有機可乘；正因爲人心貪婪，所以他們能成功地挑撥、誘惑；也因爲人們不能冷靜理性地處理事情，所以他們得以一再地引人跳入陷阱中。

凡事從自己開始吧，當他人對我們出聲否定時，應該想的不是人們的偏見與狹隘，而是要仔細想想並看清自己的不足。當自己受騙上當時，首先要做的不是斥責惡人惡行，而是要想一想，爲什麼自己不懂得機智應對、理性思辨，聰明地阻止壞事發生。

把問題簡化，難題自能輕鬆解答

當面臨問題時，我們隨時要提醒自己的，不是「預想可能的結果」，或是「猜想可能的困難」，而是要問：「你到底想不想把問題解決？」

有四位紳士準備開始賭博，遊戲前，有人對其中一名賭友說：「你到門外看看有沒有警察。」

這賭友答應後，連忙跑了出去，但大家等了快半個小時才見他進門。

「拜託，你是跑到哪兒去了？」友人氣呼呼地質問他。

只見他氣喘吁吁地說：「你們不是叫我看看沒有警察站在門外？我就是沒看見啊！所以，特地跑到警察局那兒叫一個來！」

「……」朋友們聽了差點暈倒，一個個瞪大了眼看著朋友，旋即手忙腳亂地整理桌上的物品。

那個賭友眞是笨得可愛，像這樣少根筋的人，若是將大事交給他處理，恐怕會被他弄得一塌糊塗吧！

不能依情況變通的人，不太懂得活用大腦的人，好事也會被他搞成了壞事，甚至連簡單的問題也會被複雜化，就好像下面這則故事中的阿肯。

「阿肯，如果你在沙漠中遇見獅子，那頭獅子拼命地追你，想把你一口吃掉，這時你該怎麼辦？」朋友問。

「啊，那很簡單啊！我會拿步槍掃射牠，直到牠中彈死去。」阿肯說。

「要是你沒有步槍呢？」朋友又問。

「那我就把手槍拿出來啊！」阿肯說。

「是嗎？要是連手槍也沒有呢？」朋友問。

阿肯說：「我總還會短刀吧？我會用短刀和牠拼了。」

「那要是你連短刀也沒有呢？」朋友不放棄地問。

「那更簡單了，我只要把皮襖脫下來塞進牠嘴裡就行了。」阿肯說。

「皮襖？阿肯，你有沒有搞錯，在那樣酷熱的沙漠裡，你怎麼可能穿皮襖啊？」朋友不解地問。

「親愛的，我真搞不懂，你到底是站在我這邊，還是站在殘暴的野獸那一邊呢？請問你到底希望誰贏啊？」阿肯不悅地說。

生活中，我們不也經常遇到像阿肯朋友一樣的人？

這一類人的特徵是習慣用複雜的思考去解答簡單的問題，所以把原本簡單幾個動作便能解決的事糾成死結。

面臨問題時，應該做的不是浪費時間「猜想」，不管事情怎麼演變或有多麼麻煩，我們隨時要提醒自己的，不是「預想可能的結果」，或是「猜想可能的困難」，而是要問：「你到底想不想把問題解決？」

想解決問題，當然會努力想辦法，一次過不了關，就積極再想下一個方法，其他多餘的煩惱、擔心都不去多想，因爲連想法子都來不及了，怎麼還有餘力想到未來的問題？

莎士比亞曾經說過：「人若是神經緊張，凡事都要擔憂，就會猶豫不定，反而把事情耽誤了。」

所以，現在什麼都別再多想了，只要告訴自己：「我一定能解決！」

少一點計較，就能體會生活的美好

渴望無憂的生活，重要的是減少計較心理；希望快樂的人生，重要的是事事都能微笑淡看，少一點埋怨與敵對，自然能享受生命的快意和美麗。

牧師微笑地問一名新兵：「你們每天都會禱告嗎？」

士兵們回答：「會。」

牧師點了點頭：「很好，那是什麼時候？飯前嗎？」

只見士兵聳了聳肩說：「不一定，得看那天菜色如何。」

心裡的祈禱出現了現實的計較，相信牧師聽了一定非常感嘆，然而像這類情況卻很尋常，我們經常可以見到一些喜歡求神問卜的人，嘴裡不也經常叨唸著「請神明幫忙」，若是願望不能達成，又往往埋怨天地的無能？

問題是，這個「願望不能達成」的責任眞的該怪老天爺嗎？

禱告的心態若是有所要求，那麼不管怎麼祈求都無法得到祝福，如果生活中總是帶著「埋怨」或「不滿」，只知道向上天或神明尋求安撫安慰，那麼內心永遠也無法得到眞正的紓解，就好像下面這兩位旅人一樣。

有兩個來自不同國家的冒險者在非洲巧遇，其中一名男子問另一個男人：「你怎麼會想到這兒探險？」

男人說：「我原本就喜歡探險，不過眞正讓我走出來的原因，是因為我實在厭倦了城市的生活，只要一想到城市中的汽車廢氣和泥濘道路，渾身就不對勁，你不知道嗎？城市中的氣候實在糟糕透了。我喜歡大自然，喜歡聽鳥兒的叫聲，更喜歡走進那些人跡罕至的神秘地方。」

「那你呢？你為什麼到這兒來？」男人反問。

「唉，我之所以來這兒，是因為我兒子整天都在練薩克斯風！」男子說。

因爲想圖個安寧，因爲城市混亂，所以想親近樸實的大自然景觀，所以遠離現代文明，然而這也只能躲得了一時，最終兩個男子不也還是必須回到城市中，繼續面對城市文明與兒子的薩克斯風聲？

與其像士兵們一樣在意菜色是否豐盛，倒不如感恩知足，把能塡飽肚子的食物都視爲人間美食。帶著一顆惜福的心，更能讓人得到心靈與生活的充實。

同樣的，拋開煩躁心情，就能聽見並感受大地的呼吸，就會明白如何讓人類文明包容自然天地，即使處在城市之中也能享受自然的風光美景。

把心打開，認眞感受也享受生活中的一切，自然其實早在你我身邊。渴望無憂的生活，重要的是減少計較心理；希望快樂的人生，重要的是事事都能微笑淡看，少一點埋怨與敵對，自然能享受生命的快意和美麗。

不肯認錯，小心自食惡果

犯了錯不妨給自己面對錯誤的勇氣，試著自我解嘲，要是明明犯了錯卻還要強詞奪理，推卸責任，終會自食惡果！

有輛轎車一連闖了兩個紅燈，這才被交通警察攔了下來。

「你沒看見紅燈嗎？」警察怒喝道。

沒想到駕駛竟一臉無辜地說：「唉，我有看見紅燈，只是沒看見你。」

相信遵守交通秩序的人聽見這個駕駛的說詞，都會感到既好氣又好笑，然而這一類人總是如此逃避自己應該面對的錯誤。

別把闖紅燈當作闖關遊戲，若是等到了「game over」，才醒悟自己所犯的錯，恐怕爲時已晚。

如果犯了錯，卻被人點破，就更該勇於面對，不要像下列故事中的艾爾一樣支吾逃避，那只會讓人更加不屑。

艾爾興奮地朗誦了一首詩給來訪的朋友聽，還說這是他的最新力作。

「你們覺得怎麼樣？」艾爾問朋友們。

「很好！不過……可惜的是，那好像是從一本書上偷來的。」一位朋友說。

艾爾聽了非常生氣：「你……你說什麼！胡說八道，我要求你道歉！」

朋友點點頭說：「好！我願意更正這個錯誤。」

話說完，那個朋友忽然從袋子裡拿出一本書，說道：「對不起，剛才我說那首詩是從一本書上偷來的，這的確不對，因為我這會兒翻開來看，發現詩句還好好地躺在書本裡。」

儘管艾爾辯稱詩句是自己的創作，但朋友手中有書，逐句對照的結果若是一字不漏，艾爾恐怕要面對極度尷尬的場面，但若坦承並非蓄意抄襲，只是拾人牙慧，企圖賣弄文采，也不會弄巧成拙，讓自己一再出糗！

兩個故事，兩種不同的錯誤狀況，卻同時點出了現代人常見的問題——不肯面對。英雄般的假面具總會被拆穿，若不是真英雄卻強裝勇猛，只會讓自己糗態百出，甚至讓人從此鄙夷輕視。所以，犯了錯不妨給自己面對錯誤的勇氣，試著自我解嘲，不要等到別人發現，自己先把面具拆了吧！

要是明明犯了錯卻還要強詞奪理，推卸責任，即便成功推去責任，存在心裡的責難，恐怕將帶來終生的折磨。

逃避、閃躲責任與錯誤，心理負擔非常沉重，若把犯錯當糖吃，一旦吃上了癮，終會自食惡果！面對錯誤絕對比逃避責任來得安全，也更能獲得人們的諒解，畢竟人非聖賢，難免會犯錯，只要勇於面對，肯承擔責任，最終人們只會記得你的勇氣與未來的成就，忘了那個曾經犯下的過錯。

控制情緒，才能爭得佳績

少說情緒話，保持冷靜理性、耐心等待、冷靜思考，等到最好的時機才出手，然後準確地為自己爭得必勝的佳績。

「喬納，為什麼馬車夫的鬍子有棕色、黃色、白色及黑色，卻沒有綠色的呢？」傑克問道。

喬納說：「這個問題嘛……給我一點時間思考。」

片刻後，傑克又問：「喬納，把馬兒套在馬車上時，為什麼是馬兒的尾巴對著車身，卻不是馬頭對著車身呢？」

喬納笑著說：「我想到答案了！我要同時解答這兩個問題。如果馬車夫的鬍子是綠色的，那麼馬夫在套馬的時候就不會讓馬頭對著他，因為這麼一來，馬兒會把馬夫的鬍子誤認為是好吃的綠草，衝上前去狠狠地咬傷馬車夫。」

面對傑克有心爲難的問題，聰明的喬納給了他一個絕妙的答案，不只把問題解決，更爲自己爭得一個聰明智慧的肯定。

處理問題不要太過於心急，先冷靜下來，理性地思考之後，自然能想出絕妙的好答案。

面對生活中各式考驗和阻礙，如果不能冷靜應對，而是任由情緒宣洩，通常只會讓人醜態畢露，不只無法突破困境，有些時候反而還會幫助對手提早擊倒自己。

如果覺得喬納的機智反應不易學習，那麼就看看布克鄰居的聰明反應！

布克苦著臉對鄰居說：「你能不能借一點錢給我？」

「你需要多少錢？」鄰居問。

「五十塊美金。」布克說。

聽了布克的要求後，鄰居沉默很久，也讓布克站在門口等了很久。最後布克實在忍不住了，問道：「你為什麼不說話？這錢應該不多吧！」

「是不多，不過，與其讓你欠我五十塊美金，不如讓我欠你一個回覆，我想這對我來說還是比較划算！」鄰居笑著說。

不想借錢卻又不想撕破臉，所以鄰居沒有直接說「不」，而是轉個彎讓布克知道他「不想」，如此溫和地拒絕，是爲了保持兩個人的友誼，相信布克聽了也不好意思再開口要了。

不管是誤認綠草的想像，還是寧願欠人一個回覆的理由，無非都是想讓人明白，不管生活中遇到什麼樣的麻煩或爲難，總有辦法解決，只要不用情緒面對，冷靜運用自己的智慧，再艱難的問題也能找出答案。

與人交往的過程中，少說情緒話，想解決問題就要保持冷靜理性。聰明的人面對難關與敵人時不會急著出招，他們會耐心等待，冷靜思考，等到最好的時機才出手，然後準確地爲自己爭得必勝的佳績。

學會珍惜，能讓空虛感遠離

當我們看著屋裡越積越多的事物，不是反而更添困擾，困惑自己到底還要用多少東西才能將心填滿？

老郵差約翰的時間到了，壽終正寢，孩子們幫他們舉行一場十分氣派的葬禮。由於這些年來，約翰非常努力且辛苦地為大家服務，所以該區不少感念他的人紛紛前來送他最後一程。

牧師也有感於約翰的努力與付出，因此決定好好地朗誦一首詩來感謝他：「冬天，大雪紛飛、寒風刺骨的時候，他來了；春天，道路泥濘、雨水豐沛的時候，他來了；夏天，塵土飛揚、太陽炙熱的時候，他來了；秋天，細雨綿綿、寒氣襲人的時候，他來了。」

一番感念與祝禱後，人們從教堂走出來，這時阿爾賓對奧洛夫說：「奧洛夫，牧師今天唸的詩句真是感人。」

「是的，真的很不錯，不過他實在沒必要唸那麼長的詩句，他只要說約翰在各種鬼天氣都會來就夠了！」奧洛夫說。

也許奧洛夫的話讓人感到不悅，只是卻很坦白，畢竟人都已經走了，再多的讚美詞句他也無法聽到，再多的肯定和感念他也無法感受到，不是嗎？從另一個角度思考，「務實的生命態度」或許才是你我應當重視的事，從生死問題再進生活問題中，或者更能引起我們的思考共鳴。

家具商人正對莫斯特高喊：「莫斯特先生，快買下這個櫃子吧！五折給你，再也沒有比這個價錢還要便宜的了！」

莫斯特先生笑著說：「我要這個櫃子做什麼？」

商人說：「您可以在裡面掛衣服啊！」

只見莫斯特回答道：「親愛的，您該不會要我光著身子到處跑吧？」

莫斯特幽默地堵住了天花亂墜的商人之口，也輕鬆地引導著我們進入「務實態度」的生活道理中。我們不妨想一想，在你我手邊有多少東西被稱爲「備而不用」，事實上卻是根本用不著的東西？

有些人會說，因爲心靈空虛所以需要物質來塡補，如此才能得到眞正的滿足或充實，只是，當我們看著屋裡越積越多的事物，不是反而更添困擾，困惑自己到底還要用多少東西才能將心塡滿？

懂得「珍惜」是最重要的生活態度，珍惜生之時，也珍惜已經擁有的，追憶已逝的東西只會讓自己徒添遺憾，甚至只是更多牢騷，一如莫斯特先生在拒絕折扣誘惑時，給我們的提醒：「人一輩子能擁有的不會太多，也不會太少，充分且靈活地運用生命與珍惜身邊的一切，自然就時時都感到滿足，也覺得生活充實愉悅。」

抱持真心，自然能得到人心

當心中對目前的人事物產生否定念頭，熱情自然消散，真心自然不再，態度也會變得敷衍了事，試想，抱持如此心態又怎麼抓住手中的機會？

艾倫說：「自從海斯失業之後，大約有一半以上的朋友都不認識他了。」

「是嗎？那他另外一半的朋友呢？」朋友問。

「另外一半啊，他們還不知道他已經失業了。」艾倫回答。

簡單的兩句話道盡了人情冷暖，也道盡了人心的現實。

只是，在這個現實的社會中，利字當頭，爲求生存，人們會想依草附木也是正常的心態，雖然見風轉舵讓人寒心，但與其悲憤面對，不如坦然應對，聰明地從這些人的「現實」作爲中，分出眞心與假意之別，也看清良朋益友與酒肉朋友的不同。

當然，不論眞實情況如何，沒有人會是完全孤單地活著，只要我們不是以虛僞的態度對人，身邊總會有眞心的朋友。同樣的，只要我們不斤斤計較地與人相交，自然也會得到人們無私的回應與回饋。

所以，當我們嘲諷他人現實態度的時候，也別忘了回過頭來，檢視自己付出的情感究竟是眞是僞，因爲我們在喟嘆世人勢利、眞情難得時，其實也常常忘了付出自己的眞心。

在職場工作中也是同樣的道理，問問自己對於工作的付出是否眞切與執著，是否眞的投入其中，又是否付出了努力，再檢討別人吧。

喬治在這間銀行工作了十年，至今仍然只是個小職員，很想轉換跑道：「不行，我得找找其他更好的工作才是！」

可是，找到新工作之前，喬治擔心丟掉目前的工作，於是想出了一個妙計，只見他的應徵信上寫著：「救命！我是盧里塔尼銀行的囚犯！」

喬治把這封「求救信」寄給不少大公司，請求他們給予工作機會。不久，喬治的經理從俱樂部朋友的手裡拿到這封信，第二早上便把喬治叫進自己的辦公室，語帶諷刺地對他說：「喬治，我這兒有一個好消息，本行決定從今天起還你自由！」

談及工作態度，我們經常會聽見人們說，自己已經很努力了，可是原有的熱情卻被現實漸漸澆熄，也因爲這個理由，對於眼前的工作越來越覺得意興闌珊，也越來越多怨言和不滿。直到失去工作機會的時候，對於過往的一切，他們只懷著更多的否定情緒。

所謂的騎驢找馬，與喬治的情形類似，諷刺的是，大多數人也和喬治一樣，因爲不知道如何分別自己實際的需要，把自己形容爲工作的囚犯，其實根本是「不知道自己要什麼」。

這就和交朋友一樣，目標不明確，情感不踏實，當然難得圓滿的結果。當心中對目前的人事物產生否定念頭，熱情自然消散，眞心自然不再，態度也會變得敷衍了事，試想，抱持如此心態又怎麼抓住手中的機會？

其實，不管是「人和人」還是「人對事」，遊戲規則都一樣，把心力投注進去，不計較付出多寡，不計較何時得到回饋，總能等到想要的結果。

這其中又以「人對事」的成效最爲顯著，至於人與人之間的結果，只要不再計算收穫，打開心房，自然能得到溫暖的人心。

換個角度，不要老自以為是

不管我們站在什麼角度或角色，沒有人特別偉大，唯有站在齊平的位子上，才能找到希望的幸福。

有個日本女孩正在填寫一份員工資料表，表格前幾欄很快地便填好了，但到了「婚姻狀況」這欄，卻讓她停下來思考了好一陣子，這一停筆竟然停了十分鐘之久。她猶疑了好一會兒，最後才寫下：「有希望！」

好一個「有希望」，只是看了這個頗有創意的答案，真不知道該莞爾一笑，還是帶點感傷嘆息才好！

面對婚姻，許多女人總是懷抱著執著和期望，即使要辛苦等待，也依然願意含淚守候，只是盼望的那個幸福伴侶，往往與夢想不符，讓一切等待與期盼徹底落空，一如下面這個例子。

夜已深，有一戶人家的電話忽然響起，電話筒那一頭傳來一個陌生女子的聲音：「天哪！我恨透我的丈夫！」

這戶人家的主人連忙說：「太太，您打錯電話了。」

但是，這位陌生女子似乎沒聽見這句話，仍然滔滔不絕地說下去：「你知道嗎？我有五個孩子要照顧，幾乎從早忙到晚上，他還以為我一天到晚都在享福。有時候，我想出去散散心，他都不答應，可是他自己卻每天晚上都出門，總是推說有應酬，騙誰啊！」

主人無奈地說：「太太，真的很抱歉，我不認識您，能不能……」

「你當然不認識我了！我也不認識你，可是這些話我若是對親朋好友或認識我的人說，肯定會鬧得滿城風雨，唉，現在我說了出來，心情也舒服多了，謝謝你！」說完，她便掛斷電話。

暫不討論男人女人的問題，先針對故事點出一個你我都可能發生的情況，那便是「站立的角度」。是的，大數人只懂站在自己的角度想問題，或是用自己的標準看事情，一如故事中女人談及老公的「認爲」，他認爲老婆在家很輕鬆，只有他一個人最辛苦，一家人他犧牲最大，所有人都應該體諒他，甚至只能乖乖聽話，其他家人不能多說一句話。

這種想法與做法是正確的嗎？

家庭也是一個小團體，不管組合成員有多少，同樣都是分工合作著維護這個家，讓這個家不致失序，不致出現困境。所以，彼此都應該學會互相體諒與體貼，因爲在這裡每個人都一樣重要，每個人都同樣辛苦。

不管我們站在什麼角度或角色，沒有人特別偉大，男人跟女人更沒有誰高誰低之別，唯有站在齊平的位置上，才能找到希望的幸福。

輯3.

用鼓勵代替冷言冷語

把心放寬一些，

學會用鼓勵的方式來振奮人心，

而不要用指責或苛責的話來刺激對方，

更能激發對方積極向上。

用幽默的方式，說出尷尬的事

越難過的時候越需要幽默，用心體會，也用心思考，從生活中悟出各式道理，我們才能從小聰明中看見大智慧。

「艾爾，你為什麼再也不和泰德下棋呢？」妻子不解地問。

「妳想一想，妳願意和一個一贏棋就趾高氣揚，但一輸棋就粗話連連的人玩棋嗎？」艾爾說。

「當然不願意了。」妻子明白地搖了搖頭說。

「是啊，泰德也不願意和這樣的人下棋。」艾爾說。

非常有趣的自我嘲諷，雖然聽得出艾爾的口氣有些不服，但這番話卻也顯現他的聰明。一個有自知之明的人總少不了聰明智慧，不會找藉口隱匿自己的過錯，也不會刻意遮蓋事實眞相，能夠用幽自己一默的態度坦白面對、勇敢承認，也因此能重拾人們的信任與喜愛。

不想帶著慚愧心虛過日子，就要學會幽默地正視自己的不足與犯錯，如此才能爲自己贏得生活快樂，人生也才能走得自在。

「你兒子出外發展多年，想必已經闖出一點名堂出來了吧！」友人問。

老保羅聳了聳肩，回答說：「他到底有沒有成就我是不知道啦，不過，我知道政府很看重他。」

「真的嗎？為什麼？」友人不懂地追問。

「因為，前天有位警察跟大家說，只要有人發現他或找到他，就可以獲得一萬塊獎金！」老保羅自嘲地說。

雖然老保羅切入的角度充滿嘲諷，用幽默的方式說出自己的無奈與感慨，卻也讓人看見了他對兒子的期望。

再不成材也總是自己的孩子，做父親的總希望他能有些成就。爲了減少人們的責難，老保羅不直斥或遮掩兒子的錯，反而幽默嘲諷兒子的不爭氣，看似無可奈何，其實同時也讓別人知道，兒子的錯他不逃避，只希望兒子能省思己過，早日走向正確的道路。

越難過的時候越需要幽默，用心體會，也用心思考，從生活中悟出各式道理，我們才能從小聰明中看見大智慧。

兩則幽默自嘲的故事，引導我們深刻領悟，其實，人與人之間根本沒有面子問題，若想擁有圓融和諧的人際關係，便少不了坦白、勇於面對事實的智慧。簡單來說，能不逃避錯誤，能坦白己過，大部份的人都樂於再與你我握手言和，更樂於重新接納你和我！

冷靜，才能走出困境

無論環境如何，人生路是由自己的雙腳走出來，到底是走向陽光還是灰暗，全看你我怎麼選擇。

生活無法十全十美，即便堅信人性美善，也還是會遇上有心人計算，只是無論環境如何，也不管呈現於你我面前的現實人性如何，最重要的還是我們自己怎麼想、怎麼做。

只要我們不偏取怨憤角度，能小心糾正自己的觀念價值，我們自然能走出一個沒有埋怨，也安全無慮的人生。

邁克一家人今晚到戲院看電影，一進入戲院，便直接往樓上走去，因為樓上的票價比較便宜。

找好了位子坐定後，他們便等著電影播放，但一直到節目開始，小邁克始終不肯乖乖地坐在位子上，而且喜歡趴在欄杆上看。這時，邁克的父親對妻子說：「瑪格麗特，好好看著孩子啊！別讓他掉下去了，樓下的票可貴了，萬一不小心掉下去，那我還得補票耶。」

爲了省錢，所以才防止孩子趴在欄杆上，因爲害怕補票，所以才小心避免孩子跌入樓下，這樣的邏輯思考還眞不是普通人想得到的！

其實，這正是人們常犯的「價值偏差」。

在探討「價值偏差」之前，我們不妨再看看下面這個例子，或許從中能得更多的思考啓發。

約翰到昆蟲商店裡買東西，對著店員說：「先生，我要買二百五十隻臭蟲，二百三十隻蟑螂，還要十五隻老鼠……」

店員一聽，吃驚地問：「你要這麼多東西做什麼？」

約翰冷靜地回答：「喔，沒什麼，房東要我搬家時，再三命令我一定要把那房內的情況恢復到『原來的模樣』，我可沒有忘記，剛搬進那兒的時候，到處都是這些小傢伙呀！」

因爲每個人對事情切入的角度不同，所以不同的事情由不同的人處理，便會得出不同的結果。

故事中約翰的情況，很多人都會碰上，但在這個帶點怨憤的情緒中，我們不難嗅出他對房東的不滿，因爲不滿，所以他做了這個報復動作。

只是這個動作恐怕是不好的，畢竟其中隱約有著仇恨的心態，很多時候我們便是因爲從偏頗的角度切入，或是認知出問題，而不斷重蹈錯誤，也不斷讓自己陷入困境之中！

好像第一個故事中的邁克，以錢爲重卻不以孩子的安全爲念，帶給孩子們的價值觀又豈會是正確的？

又如第二個故事中的約翰，社會現實本屬正常，房東畢竟是在商言商的，與其情緒性報復，讓自己滿心怨恨，不如試著安撫自己，或者告訴自己走出這裡將會看見不一樣的新天地，這樣不是比較積極正面嗎？

兩則故事很簡單，卻足以讓人深入思考，畢竟現實中的人性泰半如此，許多人經常受困其中，該怎麼用健康的心態走出這樣的困境，有待我們冷靜反思。

聰明的人都知道，人生路是由自己的雙腳走出來，到底是走向陽光還是灰暗，全看你我怎麼選擇。

尊重別人等於尊重自己

尊重別人就是尊重自己，想減少人和人之間的摩擦，想得到別人的支持和肯定，再也沒有什麼比「謙恭有禮」四個字更重要的了。

戲院內，有個婦人轉過頭，對著後面幾個一直嘰嘰喳喳不停的女孩們說：「對不起，我想好好看戲，妳們應該不會反對吧？」

沒想到，其中一個女孩說：「當然，不過妳好像看錯方向了！」

看似幽默趣味的話，事實上卻是極不禮貌的回應，欠缺應有的「尊重」。

一個不懂尊重別人的人，也難以得到別人尊重，很多時候，個人自由權利看似正當，事實上總是侵害別人權利，遇到這種讓自己「難過」的狀況，應該如何用幽默的方法秀出自己的想法呢？看看下面這個故事呢！

都已經凌晨一點了，樓上住戶的舞會還不結束，吵雜的音樂聲和吶喊聲不斷透過天花板和窗口傳進鄰居們的耳裡。

不久，有個鄰居打給這戶人家：「是柏肯先生嗎？」

「是的，馬可士！請問有什麼事嗎？」柏肯先生說。

「是的，柏肯先生，我想向你借一下音響。」馬可士先生說。

「喔？你也想開舞會嗎？」柏肯先生大聲地說。

馬可士先生聽了，也大聲地回答：「不，我想睡覺了！」

換個角度想，如果今天是柏肯先生遭遇相同的情況，他是否承受得了？會不會出聲抗議？

現代社會過分強調個人自由，往往衍生了錯誤的生活態度，不懂尊重別人的人，後也得不到尊重。這正是今天社會常見的人際問題，這一類人事事只想到自己，只想占人便宜，看似占盡上風，事實上卻是醜態百出，往後想再要別人信任或支持恐怕不易。

試想，如果在你我之中有人像女孩們一樣，對於人們的好心勸說總不屑一顧，或是和柏肯一樣老忽略了別人的感受，忘了應有尊重，那麼不妨試著把自己的角色替換一下，站在別人的立場想一想，試想如果換作是我們，結果會是如何？是否和馬可士或婦人一樣會感到不悅？

無論如何，別用冷言冷語回敬別人溝通的心意，因爲聰明的人絕不會放棄溝通的機會，也不會忘記尊重別人的重要。尊重別人就是尊重自己，想減少人和人之間的摩擦，想得到別人的支持和肯定，再也沒有什麼比「謙恭有禮」四個字更重要的了。

想多得一點關照，要懂得彎腰之道

懂得低頭的智慧，也懂得謙卑以對，走在人生道路上總是利多於弊。想要人生暢通無礙，與人溝通沒有障礙，多一點謙虛和微笑準沒錯！

朋友很不以為然地質問他：「你為什麼在人們面前老是一副卑躬屈膝的模樣？真是太不像話了！」

男子笑著說：「我親愛的朋友，你怎麼會不明白呢？你若想擠牛奶，不是得在母牛面前彎下腰嗎？」

擠牛奶的道理人人都知，謙卑低頭當然較能取悅人心，也比較不容易引人防範。嘴巴甜一點，態度低調一點，對於麻煩的人事總是能多一層隔離作用，自然能少一些不必要的人事糾葛。

然而，在這個人事複雜的社會環境中，何時要低頭或抬頭，仍得運用智慧。即使有求於人，也不盡然只能以低頭之姿示人，有些時候抬頭昂立也能得到想要的好處或機會，一如下面這則例子。

流浪漢用力敲著一扇門，不一會兒門口出現一位婦人。婦人一看見乞丐，開口便罵：「你長得這麼強壯，為何不到礦場工作，好好地賺錢養活自己？為什麼偏偏要當個懶蟲，當個沒用的流浪漢？」

流浪漢點頭說：「是的，太太，您說得沒錯，像您如此美麗的女人實在不該在家裡工作，應該登台當個讓眾人瘋狂著迷的女演員呀！」

婦人一聽，臉上立刻變得紅潤有精神，揚了揚頭說：「嗯，我其實是替你感到可惜，你等一等，我去看看裡面還有沒有什麼好吃的東西。」

流浪漢微笑地點了點頭說：「謝謝！」

流浪漢不用可憐相博取同情，而是選擇取悅女人心達成目的，在這帶點滑頭的機智中，我們不難看見他從原本卑微哀求的姿態，轉眼間卻抬起了頭來，甚至是有些驕傲得意地享受婦人的施予。

若要說這個流浪漢太狡猾，未免太過苛刻，畢竟這是他的謀生技能，乞求與給予總是一個願打、一個願挨，乞丐與婦人各取所需，也各得所需，又何必正氣凜然地批評？

其實，人類生存遊戲很多樣，低頭抬頭常常得視情況而定，不過大體來說，如果我們懂得低頭的智慧，也懂得謙卑以對，走在人生道路上總是利多於弊。因爲，懂得身段柔軟之道的人，大都能多得一些人心，若是頭仰得過高，或站得太高，始終不利於人際互動，當然也很容易錯過與人溝通的機會。

世事沒有絕對的對與錯，想要人生暢通無礙，與人溝通沒有障礙，多一點謙虛和微笑準沒錯！

做人越虛偽，越得不到機會

再多的方法和巧思，都遠不如保持一顆真誠的心，畢竟太虛偽造作終究讓人看了厭膩，再巧詐也終會有被人識破的時候。

有個團員走到女導遊身邊，很誠懇地對她說：「非常感謝妳帶我走遍維也納的各個角落，這趟旅行真的讓我收穫良多，謝謝妳。為了表示我的感謝，請允許我送份禮物給妳，不知道妳最喜歡什麼？」

女導遊一聽，笑容滿面，心中開始想像並期待那份「禮物」，只見她吞吞吐吐地說：「這個嘛，怎麼好意思讓你破費呢？這個……其實我很喜歡打扮，嗯……如果你真的要送我東西，那你可以給我一些……嗯，像是耳朵啦、手指啦，或者是脖子上用得著的東西吧！」

「啊！這簡單，沒問題！」團員明白地點了點頭。

第二天，遊客送上包裝精美的小禮盒，女導遊開心地接過，回房拆封時，房裡傳來一個咒罵聲：「這什麼鬼玩意！」

因為裡頭裝的是——「一塊肥皂」！

這個結果眞的非常有意思，不妨想想，如果相同的情況換作是你，又會送導遊什麼禮物呢？

從女導遊的話中，我們不難聽出她的願望，然而那扭捏作態的表現卻讓人頗不以爲然，想要的說不出口，客氣推辭卻又留下後面語焉不詳的暗示，虛僞造作的行爲，實在讓人不敢苟同。

然而，類似的情況卻又屢見不鮮，這一類人不是言不由衷，便是充滿虛假，習於逢迎奉承，更慣於耍弄心機，雖然有人能一時風光，但更多人最終得到的卻是一場空，好像下面這則例子。

阿諾聽說部長的母親死了，連忙帶著花圈趕到墓地，出現時，只見他臉上滿悲傷痛苦的模樣，不知情的人還以為他們感情深厚。

這時，一位老朋友來到他身邊，說道：「你也收到消息啦，唉，沒想到部長這麼快就走了！」

「部長？不是部長的母親嗎？」阿諾吃驚地問。

「不是啊，是部長意外死去。」朋友說。

「這……真是！」阿諾一聽，便將花圈扔到地上，然後轉身準備離開。

「喂，你為什麼這樣？」朋友不解地問。

阿諾不耐煩地說：「拜託，部長都死了，我要做給誰看啊？」

看見阿諾憤憤地丟掉花圈，我們也看見了他的虛假，同時也可以預知，機會將一一從他身邊走過。

因爲，他忽略了身邊的其他人，挑明了「我就是做給部長看」的動作，當然也很直接地留給現場人士一個印象，一個人人討厭的「馬屁精」印象。

現實生活中，總是不乏喜歡奉承迎合的人，也不乏虛情假意的人，他們總是振振有詞地強調一切都是爲生存，然而，世界上有那麼多人能堅持做自己，不也一樣過得自在快樂，而且快活地生存著？

爲求生存，有的人拼命鑽研所謂的遊戲技巧，但是再多的方法和巧思，都遠不如保持一顆眞誠的心，畢竟太虛僞造作終究讓人看了厭膩，再巧詐也終會有被人識破的時候。

其實，這個道理並不難懂，想想我們自己，對於那些虛僞且狡詐的人是否喜歡，便可以知道。

做人越虛僞，越得不到機會，眞誠才是最適宜自己的生存之道！

是苦是樂，都是自己的選擇

不管是用右腳走，還是由左腳前進，相較於那些只剩下一隻腳卻還能奔馳人生的人，健全的你我都沒有資格說「走不下去」。

乞丐笑著對企業家說：「基本上，我的職業算個作家，因為我正準備寫一本《一百種發財妙方》。」

企業家聽了這話，頗不以為然地問：「既然知道那麼多發財的方法，那你為什麼還要出來要飯？」

乞丐冷靜地說：「這你就不知道了，這正是我所描寫的方法之一啊！」

看見乞丐如此冷靜地回應，還給企業家這麼一個看似合理實則強詞奪理的答案，想必讓不少人自嘆不如吧！

人生路該怎麼走，很多時候只能問我們自己，人可以成爲乞丐，也可以成爲企業家，一切都是自己的選擇。

不願盡心生活，不肯努力生活的人根本沒資格說環境好壞，畢竟人原本就應該付出心力共築美好世界的，如今他們選擇脫隊，那麼日子是苦是樂，便得由他們自己承擔面對。

無論如何，人們的同情心總會有用罄的時候，倘若不願幫助自己，一味地等待援助，自己始終不肯再站起來，最終也只能自負後果，一如下面這個例子。

有位商人每個月都會到伊斯坦堡走一趟，每次來到火車站時，都會在出口處遇見一位乞丐，並給他一些錢。

今天，商人在同一時間同一地點看見那個乞丐，唯一不同的是，那乞丐還未開始營業，只見他正一瘸一拐地朝著他的老位置走去。這時，商人臉上忽然出現困惑，還滿臉驚訝地看著那個乞丐。

「我的老朋友，這是怎麼一回事啊？你左腿怎麼是瘸的呢？我記得一個月前看見你時，瘸的是右腿啊，難道是我記錯了？」商人問。

乞丐見露餡了，連忙用沙啞的聲音回答說：「喔，我最敬愛的善人，我偉大的施主，事實上您並沒有記錯。其實，我正在思考一件事，因為我只有一雙鞋，我怕一直磨右腳的鞋子，它早晚會破，要是破了，我就沒鞋子可穿了！所以，我決定讓這兩隻鞋輪流一下。」

聽見乞丐這麼說，不知道你有什麼想法？

嚴格講起來，這個乞丐的兩腿早就瘸了，因爲不想付出勞力，所以僞裝傷殘向人乞討。這樣的「乞丐」到處都是，只要仔細觀察就不難發現，社會中那些不切實際的人不也如此？他們偏好站在高處，天天人做白日夢，大談著虛幻的心中理想，看似合理健全，實則缺斤短兩，破綻百出。

從乞討者的身上，我們看見了一個很簡單的道理，每個人都有選擇放棄的權力，但更有選取幸福生活、成功人生的能力。其實，不管是用右腳走，還是由左腳前進，相較於那些只剩下一隻腳卻還能奔馳人生的人，健全的你我都沒有資格說「走不下去」。

你可以學習這兩個乞丐的幽默，但不要學他們好吃懶做。別忘了，老天爺偏心地給了你我如此健全的身體，讓我們少走了許多辛苦的路，我們便不該輕易說放棄，更不該再否定自己的本領。

路絕對是人走出來的，只要我們積極振作，就算只有一隻手，一樣能用這隻手築出一片天。

態度積極就有好運氣

當一個人的生命態度偏斜消極，生活態度懶散而怠惰的時候，不只腳步跨不大、走不遠，更會因此讓自己經常陷在頹靡不振的困境中。

有一群猶太人正站在巷口為自己祈福，其中有人喃喃著要成為富翁，有人則祈禱能娶到富翁的女兒。至於女人們，則虔誠地祈求天神賜福，好讓她們能生下健康活潑的孩子。

人群中，有一個乞丐也喃喃地對天祈禱，這時有人好奇地問他：「喂，你為自己祈禱些什麼？」

「我希望，我能成為城裡唯一的乞丐！」乞丐認真地說。

不要讓真話變成傷心話

別忘了用幽默的方法秀出自己的想法，只要習慣了相互尊重，即便迷糊、酒醉，脫口而出的真心話也會是美麗的讚美。

「親愛的，你幫我想一想，我這次化妝舞會要怎麼打扮才不會被人發現，你覺得是戴面具好呢？還是戴面紗就好？」蘇菲問。

馬丁說：「親愛的，不用那麼麻煩啦！妳只要不戴假髮，不化妝，不畫眉……就沒人能認得出妳啦！」

談及夫妻相處之道，各方人士總有說不完的方法、技巧，只是，若要人們直接參與調解，大多數人常會面露難色，畢竟這世間最難解的便是夫妻問題。譬如，有些讓旁人感覺傷和氣的鬥嘴動作，事實上卻可能是他們培養感情的方式，而看似感情和睦的兩個人，也許關起門總是吵翻天。

看著老公冷言嘲諷，或許老婆大人早氣得面紅耳赤，但日常生活中，像這樣關起門的玩笑話其實很平常，與其四處投訴枕邊人嘴壞，不妨一笑置之；與其相信對方充滿惡意，徒讓自己煩悶不悅，不如學會輕鬆看待，或者更能讓兩個人多一些甜蜜逗笑的時光。

人與人之間的相處也是如此，不把人心偏執於惡的一面，不把身邊的另一半視爲眼中釘，如此，再難相處的人也能成爲良朋益友。人的心念很重要，只要不抱持否定態度，心裡自然會充滿美善。

反之，心裡潛藏著的若是否定態度，那麼我們便會時時在不經意間說出心中「眞話」，並帶出一句又一句「傷心話」，好像下面這個故事。

馬莎的老公是個大酒鬼，幾乎天天都是醉醺醺地回到家中，然後再一路跌跌撞撞地走進臥房中。

「這死鬼！」這天，馬莎又被老公吵醒了，氣得連聲咒罵。

轉念一想，她決定給老公一個教訓，那就是：「裝鬼嚇一嚇他！」

萬聖節這天，馬莎找來一件魔鬼穿的衣服，然後躲在老公必經的路途上，心想：「把你嚇破膽，看你以後還敢不敢喝酒。」

「喂！」當她老公出現時，她立即從樹後跳了出來，並舉起長叉指向他。

然而，她老公根本沒被嚇到，反而輕鬆地招呼著：「嗨，你是誰啊？」

馬莎壓低了聲音說：「我是魔鬼！」

沒想到聽到這一句話，馬莎老公竟開心地說：「喔，原來是魔鬼啊！來來來，快跟我一塊兒回家，你知不知道，我已經把你妹妹娶回家啦！」

要評論馬莎夫妻誰是誰非，恐怕難有客觀標準，畢竟從馬莎的角度來說，她有無法忍受的苦，但她的老公也有難解的慾望，卻不見兩個人好好溝通，夫妻關係最後當然變成「整人遊戲」。

把這兩對夫妻間的問題延伸思考，我們不難得出一個道理，夫妻相處是人際互動的一種，許多與人相處的基本道理也十分適用於夫妻之間，甚至更適用於這些親密愛人身上，像是包容寬恕、尊重謙讓、關懷溝通……等等。

別說自己做不到，也別以爲兩個人如此親密就可以省略！

想讓夫妻之間少一點爭執，或讓自己的人際關係更進一步，別忘了用幽默的方法秀出自己的想法，更別忘了培養一顆包容與關懷的心。只要習慣了相互尊重，即便迷糊、酒醉，脫口而出的眞心話也會是美麗的讚美。

不要把機智用在掩飾錯誤

要找一個好的藉口理由來掩飾錯誤不難，
但問題始終存在，終有一天總會揭開，
我們也無可避免要面對。

一句忠言勝過十句讚美

學著把人們的批評視為好心建議，然後聰明地將人們的意見聽進去，如此才能順順利利地成就美好的未來。

司機先生不滿地說：「豈有此理，你怎麼嫌我開車技術差，拜託，我開車已經有十五年的經驗了，怎麼可能很差！被我載過的人沒一個不滿意啊，我從來都沒聽誰說過不滿意的！」

客人問：「是嗎？對不起，請問，您以前在哪裡服務？」

司機先生滿臉驕傲地說：「我以前是開靈車的。」

聽完司機之前的工作經驗，想必聰明的人已發現他的問題所在。

他的問題其實很簡單，過去他聽不見批評的聲音，即使犯了錯，即使開車技術眞有問題，也不會有人提供意見，因爲坐在他車上的人都是些再也發不出聲音的人，於是，他一直認爲自己是對的，一直認爲自己是優秀的。

正因爲從未被人糾正錯誤，所以司機一直不知道自己的問題，即使有錯，也認爲是別人的錯，即使技術眞的不佳，也認爲是活人有心針對計較。

沒有人喜歡被批評，更沒有人喜歡被糾正，但是忠言逆耳，一味地讚美對我們無益，與其反駁，不如認眞反省自己是否眞的不足，或許更有益於自己未來的發展。

反之，若是一味地選擇逃避或拒絕批評，只會落入錯誤的循環中，一如下面這個狀況。

火車一再誤點，導致火車站內擠滿了許多無法如期搭上車的乘客，部份月台上的乘客因為無法再退回車站內，因而與站務人員爆發了口角。這時，有一名乘客大聲地質問站務人員：「我真搞不懂你們為什麼要印火車時刻表？」

沒想到站務人員這麼回答：「其實我也不知道，不過如果沒印火車時刻表，你就沒辦法準確說出火車誤點的時間，不是嗎？」

「……」旅客瞪著站務人員，卻一句話也說不出來。

每個人都有情緒，可是面對人們錯誤指正時，聰明的站務員應該做的不是安撫或像故事中一樣自以爲幽默地辯駁，而是坦誠失誤並且誠心道歉，如此才能獲得人們的諒解。因爲，不管原因、理由多麼正當，推卸責任總是讓人不悅，能夠面對錯誤才能贏得旅客的信心和信任。

學著把人們的批評視爲好心建議，然後聰明地將人們的意見聽進去，如此才能順順利利成就美好的未來。

別忘了，沒有人是十全十美的，眞正的完人總要等到人生結束時，才從別人口中聽見他們如何無止盡地學習，如何積極地改進自己，終至完成一個讓人欣羨敬佩且無悔無憾的人生。

不要把機智用在掩飾錯誤

要找一個好的藉口理由來掩飾錯誤不難，但問題始終存在，終有一天總會揭開，我們也無可避免要面對。

倫敦皮爾德利街上有個馬戲團正在演出一個節目，告示牌上寫著：「男子將在這個玻璃箱內絕食三十天。」

這時，有位媒體記者隔著玻璃箱採訪那名絕食的男子：「請問，您為什麼要表演這樣的節目？」

男子回答：「只是為了混口飯吃！」

故事很簡單，卻也深刻地點出人們求生存時常見的矛盾作爲，用「餓」肚子的方式來「塡飽」肚皮，正點出了人們常見的思考偏差。

不少人都是這樣，常常說有好方法達成人生目標，但常見的卻是他們硬拗硬掰出一條看似光明的大道，實際上腳步卻是越走越偏，終至步入無法矯正的結局，一如下面這則故事。

森林管理員在林中抓到了一個偷獵者，管理員對著他怒斥：「你在這裡幹什麼？你不知道這裡嚴禁打獵嗎？」

偷獵者支支吾吾辯解說：「我……我知道啊，其實是這樣的，我最近遭遇到非常悲慘的事，原本打算在這裡自殺，唉，哪裡知道，正準備開槍自殺的時候，因為手抖得太厲害了，那子彈就這麼打偏，不小心打中了那隻野鴨啊！」

聽見偷獵者的回應，想必不少人會稱讚他反應靈活、聰明機智！只是，這樣的機巧用於掩飾錯誤，總是讓人忍不住要提出否定與反省，畢竟類似的情況已經太多，若是一再誤解誤用，只是徒添社會的負擔。

那麼聰明的你，從中是否得到任何省思啟發？

不管是爲了混口飯吃，還是眞有什麼生活上的困難，我們都不能合理化任何錯誤的行爲，畢竟投機就像毒品一樣，是會讓人上癮的，一旦誤食誤闖，要再回頭，可是比通向成功之路還難上好幾千倍！

我們都知道，面對自己的人生，要找一個好的藉口理由來掩飾錯誤不難，然而，許多人都忘了，錯誤遮蓋得了一時，但問題始終存在，終有一天總會揭開，我們也無可避免要面對。所以，與其把機智用在掩飾錯誤，苦思遮掩的方法，不如正面迎向問題的核心，如此我們才能選對人生的道路。

還不明白嗎？

想一想，最近你是否常想一步登天的事，又是否常欣羨那些僥倖成功的人？如果是的話，那麼快停止這些想像和羨慕，告訴自己：「那是他們的事，我有我自己的路要走，我知道，只要腳踏實地，對生活誠懇無欺，自然能正大光明且光榮驕傲地享受人生的成果。」

懂得輕鬆溝通，就能進行良性互動

如果開會流於長官教訓或下屬報告，只會變得越來越公式化，互動自然難見熱烈。希望上下互動熱烈，懂得溝通，就能進行良性互動。

「你知道嗎？在南非某個部落有個很不錯的演講規矩，他們演講時必須單腳站立！」台下一個男子對著身邊的人說。

「為什麼？」朋友不解地問。

男子小聲地說：「因為，那個部落認為，冗長的說話對演講者本身和聽眾來說是有害的，所以演講人一站上講台便得單腳站立，只要另一隻腳一碰觸到地面，便得終止發言。」

男子的朋友冷笑一聲說：「如果我們敬愛的演講者老是把時間拖得那麼晚的話，

這個規則倒不失是個好法子。」

聽演講聽到想打瞌睡的經驗，想必不少人都經歷過，再聽見這個規矩，想必讓不少人忍不住肯定點頭吧！

其實，防治冗長談話的方法，畢竟只能治標不能治本，關鍵在於演講者知不知道聽眾的痛苦。就演說者來說，不必怕話太多，該擔心的應是題材是否準備得夠豐富，是否懂得如何表現，才不致於讓演說變得空洞貧乏，讓人覺得無趣、浪費生命才是。

換個角度說，演講者應該增強演講內容，精進演說技巧，與其怪責聽眾不夠專心，不妨想想，爲什麼自己不能精采表現，讓人未察覺時間的流逝，或是讓人捨不得說結束呢？

還有一種情況與演講相似，那便是「開會」，當員工態度鬆散、活力缺乏之時，公司便要開始思考，要怎麼推動會議才不致淪於「大拜拜」，而能眞正達到充分溝通與互動，這才是提升「執行效率」與「公司活力」的要點。

董事長問新上任的總經理：「每當各部門經理開會時，他們總是懶懶散散的態度，漫不經心且心不在焉的，不知道你是否已經想好辦法整頓他們？」

總經理胸有成竹地說：「這還不容易？撤掉記錄員，然後立出新的規矩，每次開會結束之後，我們才宣布要由哪位經理負責記錄。」

董事長一聽，頻頻點頭！

在這個事事講求效率的時代，公司領導階層總是要求員工們要有卓越的工作效率，要有超凡的能力，人力最好具多功能用途，但有些時候，領導者卻忽略了自己的責任。

或者我們應該想想，爲什麼員工向心力不足，又爲什麼總是提不起勁，畢竟人是互動的，從互動過程中總能找出原因和理由。暫時丟開上下關係的隔閡，暫時擱下工作進度的期待，無論任何情況，我們都不能忽略了人的重要性。人是團隊中最重要的資源財富，如果連他們的心情、想法都不能掌握，又如何能產生團隊向心力？

看到員工顯得懶散、動力不足，領導者不妨先想想，是什麼原因讓他們少了動力，是不是溝通出了問題，或是其他不良因素讓他們失去了信心，甚至失去了前進的動力！

如果開會流於長官教訓或下屬報告，只會變得越來越公式化而已，互動自然難見熱烈。希望上下互動熱烈，希望能看見員工活力旺盛，那麼就放手讓他們表現自己，無論他們意見多不成熟，多不合乎市場效益，最重要的是，讓他們相信自己，激發他們工作的熱情活力。

如此一來，效率自然能展現，向心力自然能看見。

懂得輕鬆溝通，就能進行良性互動。

把話說得巧，效果會更好

想整治惡人，不必怒目相向，也無須正面對抗衝突，高明巧妙的譏諷或行動，不只大快人心，而且效果更好。

神父對著台下的信徒說了這麼一個故事：

很久以前，有一個可惡至極的大壞蛋，在他去世的時候，家人原本要將他土葬，但棺木才放入墓穴中不久，沒想到竟被大地吐了出來。

後來，家人決定改以火葬，但沒想到連火也拒絕合作，堅持不想沾附惡人的身體，火怎麼也點不起來。

家人想盡辦法始終無法讓屍體安葬，最後只好將屍體丟棄在狗群面前，好讓狗兒能將這個「棄物」解決乾淨。

悲哀的是，連那群狗兒也不願意碰觸他的屍身！

說完故事，神父最後做出結論：「你們要小心哪！千萬不要落到像他那樣的下場。面對神，一定要忠實虔誠，如此一來，當你們蒙主寵召的時候，才能好好地躺在泥土裡面，祝融才肯幫助你們火化升天，狗兒也才會願意吞了你們的屍體，幫助你們重生！」

寓言雖然簡短，卻極其清楚地傳達了故事人物的「惡」，因爲天地不容，所以惡人連死也找不到安葬地，即使家人有心幫忙讓惡人早早入土爲安，但就連火和狗也不屑一顧。

聰明的人應該發現了，這添加的魔幻情節中其實偷偷藏了一個眞相。

那便是，萬惡不赦的人難得人們的原諒，至於家人們，因爲始終多了層血緣關係，不得不幫忙。

不過，若從另外一個角度而言，神父說的話未免太玄了，試圖用寓言闡釋道理，不見得有什麼效用，不如下面這位半仙說得巧妙。

古代有個性情暴戾的國王，有一天找來一位算命仙幫他卜算未來。

只見國王著急地問他：「我會在哪一天死去啊？」

「在一個節日裡！」這半仙毫不猶豫地回答。

國王一聽，吃驚地問：「你為何如此肯定？」

半仙微笑說：「當然肯定了！因為不論您在哪一天死去，對人們來說，那天都是一個『好節日』啊！」

半仙巧妙的話中藏話，在這似褒實貶的答案中，不只讓人讀到了智者的聰明巧辯，也讓我們明白了，想整治惡人，不必怒目相向，也無須正面對抗衝突，高明巧妙的譏諷或行動，不只大快人心，而且效果更好。

換個角度想，心念不正的人身邊處處都是敵人，無關天地容不與容的問題，更不關命理因果，而是這一類人幾乎沒有朋友，唯獨仇家敵人遍地皆是。

他們從不思考是否得與人和善，只想與人爭鬥，每個念頭轉動，都只想著怎麼害人，怎麼與人計較，試想，這樣又如何能得人和與善緣呢？

想預知死亡之日，不如好好走穩生時之日吧！流傳多年的警世故事眞正的目的，不只是爲了嚇阻或阻絕意圖爲非作歹的念頭，而是要帶動你我深省，省思人生應該怎麼衡度，心念又要怎麼培養。

不管是否眞有天命神祇，回歸現實生活，我們都要好好呵護原有的單純善心，無論未來面對什麼問題，心靈受到多大的衝擊，都不能偏離這打從出生就擁有的「純眞心」。

太強勢，男人只會敬而遠之

女人應該多加學習充實自己，表現出真正的聰明與理性智慧，如此一來，才能讓男人心悅誠服地低頭認錯，也打心底依賴疼愛。

法庭上，被告忽然從坐位席上站了起來，喊道：「法官大人，為什麼審理我這案子的陪審員全是女的？」

「噓，沉住氣！」律師低聲要他冷靜。

「對不起，我無法冷靜，我也不想沉默，因為……因為……」

被告緩和一下情緒，最終嘆了口氣說：「唉，法官大人啊，雖然我常說對女人瞭若指掌，可是卻偏偏仍逃不出女人的眼睛。現在，這兒還一口氣來了十二個女人，天哪！那我還躲得了嗎？罷了，我認罪了！」

笑話中的男人因爲逃不出女人的眼光，所以招認自己的罪過，但仔細再想想，如果男人問心無愧，又哪裡會有這些害怕擔心？當然，倘若不就事件討論，單從男人女人的角色與觀點來看，的確，很多時候女人的敏銳著實讓人害怕，又有很多時候，女人們討論事情時過度感情用事，也讓人擔心害怕！

有些女人不是少根筋，而是懶得動腦筋，平時不願多用一點心去深思考慮，以致男人無法將她們擺進心中，有時更讓男人加速擺脫遠離，是不是呢？

先生剛剛下班，一踏進家門，老婆便迎上去溫柔地對他說：「晚餐我已經準備好囉！保證和昨天的一樣又香又好吃。」

先生聽了開心地說：「妳真是我的好太太。不知道我們今天吃什麼？」

老婆大人得意地說：「昨天的剩菜剩飯啊，你昨天不是一直說讚！」

「我……」先生聽了，也只能以苦笑應對。

老公無奈不再多說，似乎淡看老婆的無厘頭舉動，但卻難保證男主角內心世界沒有半點埋怨或嘀咕啊！

其實，想成爲好老婆、好情人一點也不難，就算是剩菜剩飯，也不必那樣坦白明說，只要花一點點心思，將昨天剩下的飯菜加點變化，不也就能再擺一桌美味的晚餐，還能在老公心裡再添「賢慧嬌妻」形象。

女人要懂得怎麼讓人疼愛、讓人不捨，而不是要讓男人面對妳便覺害怕、恐懼，或是不知如何是好。凡事過與不及都不好，太嬌貴，男人很容易感到厭膩；太強勢，男人肯定敬而遠之！

從正反兩面的笑話例子中省思，男人對女人的恐懼似乎提醒女人多加學習充實自己，表現出眞正的聰明與理性智慧，如此一來，才能讓男人面對女人時，不再是莫可奈何地害怕，而是心悅誠服地低頭認錯，也打心底依賴疼愛。

勇於負起責任，人生才走得平順

面對自己的問題，不要一味地逃避，不要只知道把問題歸給別人，必須先試著自己想辦法解決，負起應負的責任。

「為什麼你把先前的罪行又全推翻了呢？你不是已經全部招認了嗎？」法官生氣地問被告。

被告說：「是的，不過，我的辯護律師後來說服了我，他說，我無罪！」

類似的情況在現實社會中十分常見，不只在法庭上才會出現，日常生活和工作場合中。有的人爲了逃避責任，錯的也要說成對的，該負起的責任，也總在第一時間便推得一乾二淨，即使別人同聲指出他的問題與職責，也依然一副事不關己的模樣。

既然知道自己也有責任，就不要推卸，即使發生的情事不全然因爲你，但何不試著發揮幽默感，勇敢承擔？

對於懂得面對錯誤，也懂得承擔負責的人，人們從不吝於選擇原諒，甚至會因爲留下勇於負責的印象，更加相信、支持。

上述是逃避的情況，下面再舉一個常見的「依賴」狀況，這種不負責任的心態，一點也不亞於有心逃避。

「拉比，快來幫忙啊！我的雞窩鬧瘟疫啦！」有個村民向拉比求助。

拉比聽了，沉思一會兒，隨後便提出了一個辦法，那村民聽了法子後，便毫不猶豫趕回家解決問題。

過了一星期之後，村民又來找他了，還大聲嚷道：「拉比啊！你的方法沒用啊！疫情一點也控制不了，情況越來越嚴重啦！」

拉比再低頭沉思，然後又教了他一個辦法。

那人再次接受拉比的建議，趕回家解決問題。

但是，過了幾天之後，村民又出現了，這一次他滿臉怒氣地說：「拉比，你的辦法根本不靈啊！還有沒有其他的法子呢？」

拉比點了點頭，回答說：「辦法倒還有，可是，你還有雞嗎？」

連第二個方法都不適用了，村民卻不思尋找其他法子，還是回頭找拉比求救，最後即使雞統統死光了，恐怕也只能由該村民一個人承擔了。其中問題的關鍵，正是因爲村民「過度依賴」所致。

回到現實生活中，我們不也經常如此？

發生事情時，許多人在第一時間都不自行冷靜想想解決的辦法，而是慌張驚亂地出外求援。若是事情無法解決，最終反省時卻從不怪自己，反而是把責任全推給好心幫忙的旁人。

仔細想想，你是否也曾如此？

面對自己的問題，不要一味地逃避，不要只知道把問題歸給別人，必須先試著自己想辦法解決，負起應負的責任。

西班牙作家伊巴涅斯曾經寫道：「寧可讓鯊魚吃掉，至少還落個勇敢的稱號，比起像糞土般讓蛆蟲吃掉要有價值得多。」

如果連自己的問題都無法面對解決，就算好不容易等到一個絕佳的機會，恐怕連上帝也無力實現這個願望，原因無他，因爲即使給了再多的機會，這一類人也不懂得伸手把握。

認真省思，不要老做表面功夫

遇到問題，不要只知道擦拭腳下的足印，要往遠方看去，既然錯印的足跡太多，那就下定決心一一清除乾淨吧！

有個小鎮某一年冬天發生森林大火，鎮民全力動員所有消防人力，卻始終無法控制火勢，原因是消防栓裡的水全都凍結了。

事後，議會開會討論如何防止發生相同的不幸事件時，忽然有位議員一躍而起，大聲地說道：「本席提議，以後每當火災要發生的前三天，請負責人員先行將消防栓徹底地檢查一遍。」

這議員說完話，立刻有人附議，最後結果是：「全數通過。」

聽見「三天前」要做好防備動作時，想必讓聰明的你忍不住搖頭，甚至想笑卻又笑不出來吧！

看似問題解決了，事實上卻說了等於白說。然而，許多人不也經常如此，短視近利，思考淺薄，只看得見腳下的小石子，卻看不見遠方的坑洞？

這樣的人只肯輕鬆踢開腳邊的石子，要他們再往遠一點的地方觀看，試著把未來的問題納入考量，他們總是說：「太遠了，我看不到！」

是眞的看不到，還是只想等到事情再次發生時才臨時抱佛腳呢？

問一問自己，這趟人生路已經累積了多少「懊悔」，有多少次懊悔當初不能多想一層，或懊悔面對問題、解決問題時不能再用心一些？

這則故事諷刺意味極濃，關於人們短淺的思考能力，與欠缺責任感的態度，清楚地展現在我們眼前，下面這則故事也是如此。

今天，董事們一整個下午圍繞在「所有員工在工作崗位不得飲酒」這個議案上，非常熱烈地討論著，不時還有激辯爭論。

最後，他們終於通過了「禁酒令」！

這時，董事長舉杯說：「各位，讓我們一同為這個英明決定乾杯吧！」

「乾杯！」只見大伙開開心心地舉杯道賀通過這「禁令」。

收尾的「乾杯」聲讓人忍不住苦笑，在這個慣於做表面功夫的社會現象中，我們不只看見了人們一錯再錯的原因，也看見了自省自律能力的薄弱。

正如第一則故事，大家都知道「預防災難」的重要，但是我們卻看不見人們認真省思後的決心，反而是再一次證明「臨時抱佛腳」的習慣態度。

走出故事，我們不妨多看一看自己，想一想這一路走來，到底累積了多少「一錯再錯」的情事。

不想等到「三天前」才發現問題，不想錯誤一再重蹈，就給自己多一點改革的決心吧！遇到問題，不要只知道擦拭腳下的足印，要往遠方看去，既然錯印的足跡太多，那就下定決心一一清除乾淨吧！

只要有心，幸福並不難尋

女人想從愛人身上要的東西都很簡單，一句「我愛妳」便足以讓她獻上一生心力為你付出；只要一個「擁抱吻別」，便能讓她心甘情願地以一輩子守護最愛的他。

有個男子到國外出差，工作結束之後，到機場買了回國的機票，同時也在機場內的電報局準備發給愛妻一封平安信。

寫完即將發出的電報文字，他把內容交給一位女服務員，並請她估價。

當對方告訴他價格後，他算了算身上剩下的錢，這才發現還差一些，只好對女服務員說：「就這麼吧，把『親愛的』這幾個字刪除，我的錢就夠了。」

沒想到女服務員聽了，微笑地說：「先生，請等等！」只見那位女服務員拿起自己的手提包，掏出錢來說：「就這樣吧，讓我替您付了『親愛的』這幾個字的錢吧！」

你應該知道的，身為妻子最希望聽見丈夫這麼呼喊自己。」

多麼貼心的女服務，看著她爲男子的妻子守住幸福的呼喚，想必感動了不少女人吧！

身爲女人老公的男人，看了這則故事不知道有沒有得到任何啓示呢？面對夫妻失和的場面時，聰明的男人是否知道該怎麼做了呢？

還不明白的話，再看看下面這個男人的例子。

「牠真是隻非常棒的獵犬，我要是沒有牠，恐怕無法出去打獵了。」獵犬的主人感激地說。

朋友聽了，不明白地問：「是嗎？可是我從未見您帶牠一塊出去打獵啊？」

獵犬主人說：「牠跟我去打獵？牠怎麼可以跟我去打獵？我若想出去打獵，牠便得乖乖待在家裡陪我的妻子才行，若不是牠陪著她聊天、看電視，或是逛街，我哪有機會出去打獵啊！」

男主人開玩笑地感激獵犬，其實隱約透露出這個男人的體貼，因為他知道老婆害怕孤單，也因為知道自己無法時時陪伴在妻子左右，所以為老婆找了一個從不抱怨且忠心耿耿的好伙伴。

男人們只要有心，女人自然不會叨唸沒人陪伴，只要懂得體貼，老婆大人們自然會懂得貼心體諒老公們的忙碌無暇。例如，不得不晚歸時，親愛的老公們，何妨主動給老婆們一通電話，報平安並順便說句想念，相信家中再也聽不到爭執聲，夫妻關係也將因此更加緊密。

男人們常說女人心難猜，事實上，不是女人心難猜，只是他們總是把女人想得太複雜。

所有女人想從愛人身上要的東西都很簡單，一句「我愛妳」便足以讓她獻上一生心力為你付出；只要一個「擁抱吻別」，便能讓她心甘情願地以一輩子守護最愛的他。所以，關於女人要的幸福是什麼，從這兩則小故事中，聰明的男人們想必得到了不少啓發，對吧？

想不開，人生就不會精采

別讓自己困在一些莫名其妙的困境中，生活總會有些難關要走，要是想不開，你的生命就不可能太精采。

巴克嘆了口氣說：「我真是不明白，有那麼多人命喪海底，為何還是有那麼多人要出海呢？」

比爾冷笑地說：「是啊，我也真是不明白，有那麼多人在床上死去，但你為何每晚仍然要上床呢？」

非常有意的反思反問，害怕海難，所以拒絕出海，害怕空難，所以拒絕搭機，像這樣因噎廢食的人其實不在少數。只要仔細觀察，我們不難發現，這一類人其實也有著一種共通情況，那便是定見不足，容易被別人影響。面對環境改變，面對人生變動，稍不順心，他們便退縮害怕，思考也越見偏頗！

仔細想想，給自己那麼多的設限，那麼多的阻隔，對自己又有何助益？只不過增添無謂的煩惱擔心罷了！

入世出世同樣都得爲生命找生存空間，上山下海同樣都有機會遇到意外困難，唯有明白世事難料的道理，我們才懂得勇敢面對人生困境，也才能自在快意地享受人生啊！

生命最高尙的呈現，不在那些浮誇的道德口號，或是否能冷眼傲看世俗，而是懂得尊重所有生命呈現的方式。眞正的智者不會告訴我們怎麼做是不對的，而是會告訴我們，要珍惜每一種。

如果還是想不開，那麼何妨跟著印度隱士一同動動腦。

在印度，有看破紅塵的男子決定遠離人間，便來到森林裡隱居，唯一與世俗接觸的，應該就屬他身上圍著的一塊布。

在森林裡住了一段時間後，他發現森林裡的老鼠很多，麻煩的是，那些老鼠經常趁他睡著時，將他身上的布條咬破，弄到最後，他實在受不了了，只得下山向人們要了幾隻小貓來養。

只是有了貓，就得照顧貓的食物來源，這幾隻小貓很愛喝牛奶，因此他又不得不飼養一頭母牛來餵飽小貓們。

有了牛，總得有人看管，於是他請了一個牧童來幫忙看牛，這會兒新的問題又來了：「總要提供牧童一個居住的地方吧！」

是的，這位面面俱到的隱士請人蓋了一間小房子給牧童居住，於是俗事一件拖一件，隱士看見小屋完成時，忽地感嘆地說：「唉，原來是想遠離人世，沒想到，俗事卻反而越來越多！」

想遠離世俗，卻未料招來更多俗世煩惱，其中不正暗喻著人們常見的迷思，明明離不了人間俗世，明明躲不開自身缺陷，卻偏偏要裝品格清高，偏偏故作聰明，用以隱匿心中的寂寞與自卑？

其實，入世出世都能自在生活，眞正的隱士不會離群索居，因爲他們知道，與其把自己封鎖於山林囚牢，不如以瀟灑自在的身影穿梭人間，反而更易獲得自由心靈與觀世智慧。

人始終切不斷與人群的關係，也大可不必斷絕切割，既然世事難料，那麼與其逃避閃躲，何不學著迎接面對？

覺得日子難過，就要求自己多一點輕鬆幽默，別讓自己困在一些莫名其妙的困境中，生活總會有些難關要走，無論天有多高，水有多深，人總免不了要飛上天際，總要潛入深海！

不如就多元地去嘗試吧，要是想不開，你的生命就不可能太精采。

輯5.

用幽默代替怨尤

幽默感是一種力量，

因為它讓我們能用更正面的角度去面對一切。

遇到了挫折，也不會把精力花在怨天尤人上。

用幽默的心情，看待惱人的事情

用幽默的心情面對，所有煩擾的事將轉身變成生活的趣味；只要以一些些微笑面對，所有憂懼的事都能啟迪你的智慧。

中國當代作家王蒙曾說：「幽默是一種酸、甜、苦、鹹、辣混合的味道。嚐起來似乎沒有痛苦和狂歡強烈，但比痛苦狂歡還耐嚼。」

用幽默詼諧的方式看待人間百態，不僅能讓自己輕鬆愉快，更可以在風趣的言談中，輕而易舉地化解那些惱人的事情。

當你面對一樁又一樁惱人的事情，與其憤怒地破口大罵，還不如先讓放鬆緊繃的心情，再用幽默的方法表達自己的想法。

法國作家伏爾泰曾經遇到一位十分傾心於他的讀者，該位書迷為了表達心中的仰慕之情，洋洋灑灑地寫了一封長信傾訴他心中的敬仰。伏爾泰讀完信後非常感動，於是也提筆寫了封回函表示感謝。

然而，從這封回信之後，伏爾泰每隔十天就會收到這位讀者的一封信，而伏爾泰也照舊很有禮貌地回覆一封信給這名讀者，只不過回覆的次數越來越多，讓原本好意的互動變成了伏爾泰無謂的負擔。

於是，伏爾泰回覆的文字越來越短，直到有一天，他再也按捺不住脾氣，回覆讀者這麼一行字：「讀者閣下，我已經死了。」

沒想到幾天後，讀者的回信又到了，信裡竟這麼寫著：「謹呈在九泉之下的、偉大的伏爾泰先生。」

伏爾泰一看，立即回信道：「望眼欲穿，請您快來。」

讀到「請您快來」時，你是否也被這位幽默的哲學大師逗得哈哈大笑呢？

這是伏爾泰幽默的解決辦法，哲學家的脾氣雖然已經冒出火光，但是他仍然不忘修養，不以惡言相向，而是以幽默來回應，並暗示那名讀者該停筆了！

換作是你，你會怎麼回應那種棘手的情況呢？

有天，有位朋友擔心地對伏爾泰說：「你別再喝這種飲料了，你不知道這是一種慢性毒藥嗎？你現在等於是在慢性自殺啊！」

「嗯，你的確說得對，我想它真是慢性的……」伏爾泰說到這裡頓了一下，接著又說：「不然，為什麼我喝了六十五年都還沒有死呢？」

在會心一笑的時候，你是否和伏爾泰的朋友一樣，讚歎他的機智幽默？」

閱讀名人們的小故事，總能啓發我們無限的思考，就好像這兩則伏爾泰的小軼聞，便給了我們十分深刻的啓示，讓我們明白：用幽默的心情面對，所有煩擾的事將轉身變成生活的趣味；只要以一些些微笑面對，所有憂懼的事都能啟迪你的智慧。

很多時候，一針見血的話語不一定要說得很嚴肅，藉由幽默的方式，可以達到更佳效果。

因爲，讓人發噱的言談之中，往往隱含著讓人深思的道理。當你忍不住想說出自己的想法，不妨利用幽默的方式表達，讓人更容易接受。

當你面臨受也受不完的鳥氣，忍不住脫口飆出一長串髒話，對事情並不會有太大幫助，只會搞壞自己的心情，更讓辛苦建立的形象一夕崩潰。與其如此，不妨用輕鬆的心情，試著換另一種心情幽自己和他人一默。

只要能保持心情愉悅，你就會發現，再棘手的事也能輕鬆面對；再機車的人，也不再那麼難以搞定。

用幽默的方法，避免彼此尷尬

應該說「不」的時候，還是勇敢地說出口，如果能適時用幽默的方法說出自己的想法，那就更能避免彼此尷尬。

英國作家諾曼．道格拉斯曾說：「何等常見：許多事只用一個字就能表示。何等常見：這個字偏偏沒說出口。」

該說「不」的時候沒有把「不」字說出口，對彼此實在沒有好處。用幽默的方法表達自己的意願，可以省去許多無謂的糾纏、假裝與猜測。爲什麼要花時間與精力，到最後反倒讓彼此尷尬呢、

花輪喜歡參加課外活動，於是利用假日參加了校外的聯誼活動。

當天的活動裡，花輪很欣賞一個女孩子，想在活動結束後繼續和她交往。

花輪向女孩問道：「我可以知道妳的電話、地址嗎？」

女孩聽了，低聲說：「我可以只寫地址嗎？」

儘管要不到電話，但有了地址，一樣能發動攻勢。於是，花輪回答說：「當然可以！」

於是，女孩大方地拿了紙張開始寫地址，寫完後將紙遞給花輪就跑掉了。

花輪心想：「爽死了！爽死了！」趕緊打開地址來看。

沒想到，上面寫的是：「士林夜市非吸煙區萬寶路一刀二段萬人空巷梅花三弄鬼哭神號」！

這位女孩要說的話其實很簡單，只有一個字，那就是：「不」！

說「不」有很多種方法，有人會直接拉著對方的耳朵大聲吼叫，有人當面拒絕，有人寫在紙上，有人用電子郵件；有人透過第三者傳達，有人則是用看起來像是「好」的聲音與表情，緩緩把這個字說出來。

當然，想要讀懂對方的意思需要腦袋，要說「不」有的時候也需要智慧與勇氣。我們總是習慣與人爲善，鼓勵「有話好好說」，因此，要拒絕他人的時候，總是比說「好」要困難；同時，當我們被人拒絕的時候，也比較難以接受。但是，爲了「不傷和氣」而不敢表示，其實常常是在浪費彼此的時間。

相反的，如果我們是那個被人說「不」的人，也別把它看得太嚴重，也許只是因爲不適合，如此而已。

應該說「不」的時候，還是勇敢地說出口，如果能適時用幽默的方法說出自己的想法，那就更能避免彼此尷尬。

或許，這樣對彼此才是最好的！

樂觀面對，人生處處是機會

只要我們保持樂觀的心情，總會在原先料想不到的地方，找到一條能夠活命，甚至足以翻身的道路。

現實生活中隨時有意外降臨，也難免有左支右絀的情況發生，與其一味抱怨、懊惱，不如試著用幽默的心情看待那些惱人的事情。

電影〈侏儸紀公園〉裡有句經典對白：「生命，總會找到它的出路。」

這話的意思是說，不管環境多麼惡劣，世間的萬物爲了生存，自會演化出一套適合它們活命續種的法門；使得我們總在最不可思議之處，也能見到生命爲了求生而發揮的力量與奇蹟。

有一個人患了食道癌，這一天他去看醫生，因為一直無法吃東西，於是就問醫生有沒有什麼方法。

醫生想了想之後，就建議他回去後練習用肛門吃飯。

病人心想：「啊？怎麼可能？」

但他又實在餓得受不了了，只好回去試試看。過了一個月，他又回去複診，一進醫院腳就一直抖。

醫生問他練得怎麼樣，他回答：「OK了。」

醫生很驚訝，便問：「OK就OK，你的腳怎麼一直抖？後遺症嗎？」

病人回答：「喔！我在吃口香糖啦！」

有句話叫「天無絕人之路」，眼見面前的路似乎條條堵死，彷彿已經無路可走了，但是只要我們保持樂觀的心情，總會在原先料想不到的地方，找到一條能夠活命，甚至足以翻身的道路。

就像笑話裡的主角，嘴巴不能吃了，醫生建議他用肛門進食，沒想到過了一個月，他不但大好了，還能用屁股來吃口香糖呢！

笑話固然當不得眞，可是我們的確也曾在報章雜誌上見到一些雖然沒有了手，卻還能用嘴巴、用腳來寫字、畫圖的人，他們用口用手寫出來的字、畫出來的畫，可比絕大多數雙手完好的人好多了！

這難道不是生命展現出來的無比韌性與無限的可能性嗎？

人的命運本來就少有一帆風順、事事如意的；遭遇困難，或是遇事不盡己意，原是常有的事。計劃不照我們想像的方式進行，路途不如我們預期的順遂，本來就在預料之中，爲什麼要爲了這種事灰心喪志，甚至想不開呢？

人生處處是機會，就看我們願不願意樂面對。

別忘了，生命，總會找到它的出路！

把心裡的壞情緒排泄出去

心裡的情緒一定要想辦法化解或找人宣洩，但同時也要顧慮到對方，免得造成別人的負擔。

人生哲理，其實就蘊含在生活中的各種小事之中，遇到惱人的事情，不需嚴肅說教，也不必引經據典，只要腦袋轉個彎，就能用幽默的心情看待。

如果我們能用輕鬆的心情，以不同的角度觀察生活周遭的人事物，對於人生的體悟想必會更加深刻，心胸也會更爲豁達。

人生沒那麼嚴肅，也沒那麼沉重，千萬不要讓周遭的人事物影響自己的情緒。不妨換個角度想，生活其實很簡單，也可以很有趣，試著用幽默的心情，排泄一下自己胸中的那些壞情緒吧！

某個晚上，周神父一個人待在教堂祈禱時，突然聽到大門碰的一聲被推開來。他回頭一看，原來是喝得醉醺醺的小偉。

只見小偉搖搖晃晃地走進來到處亂晃，直到找到告解室才走進去。

借酒澆愁啊，周神父非常同情小偉，於是從另一個門進去聆聽他的告解。

但是小偉什麼也沒說，只是嘰哩咕嚕地發出一些怪聲，然後就完全不說話了。神父覺得很不耐煩，於是敲了敲牆壁，示意要小偉趕快開始告解。

豈知，小偉聽到聲音之後，立刻扯著喉嚨大聲喊道：「不要催！我在裡面找不到衛生紙！」

看來，小偉是誤把教堂的告解室當做是廁所了！

不過，其實仔細想一下，告解跟上大號，還眞有許多相似之處呢！

人在世上活著，免不了會在身體與心裡留下一些不好的東西；告解就跟上大號一樣，是把身體裡一直憋住的廢棄物丟出去。

如果有三五知己好友或是家人，不妨把心裡的苦悶向他們傾訴；憋在心裡不說，別人就是想要幫助我們，也不知道從何著手。

不用怕羞、不要怕別人笑話，因爲世上沒有完人，世事更是沒有十全十美的，再有本事的人，也免不了會遇到低潮，也會有難以處理的情緒。這個時候，如果不願意找人分憂解勞，那豈不是太寂寞，也太不健康了嗎？

心裡的情緒一定要想辦法化解或找人宣洩，但同時也要顧慮到對方，免得造成別人的負擔。如果我們能很自然、很放鬆地處理一些情緒上、心理上的問題，相信我們的心理一定也不會得病！

用幽默代替怨尤

幽默感是一種力量，因為它讓我們能用更正面的角度去面對一切。遇到了挫折，也不會把精力花在怨天尤人上。

什麼是幽默呢？作家休斯說得好：「所謂的幽默，就是到口的肥鴨竟然飛了，而你還能一笑置之。」

想想，我們是不是也應該培養這樣的風度與幽默感呢？

如果你對目前的生活或工作感到厭倦，不妨放鬆心情，以不同的角度觀察生活周遭的人事物，用幽默的眼光加以看待，如此一來，你便會從生活和工作中，找到另一番快樂。

某女生宿舍常常到了半夜兩三點，還有人在叫「某某某——」或「某某某——出來一下」之類的話。

某天，一位外籍老師向舍監抱怨，最近有一個人，到了清晨時還在宿舍外面鬼叫，不知道在叫誰，而且每天都來，實在太過分了。

舍監便請她仔細聽那人在叫什麼，以便前去告誡。

外籍老師表示，自己的中文聽力不太好，不過，只有三個字，她會努力記住那個名字的發音。

三天後，外籍老師終於學會那個名字的中文發音，於是很高興地跑去告訴舍監。

原來，那人叫的是：「燒—肉—粽——燒肉粽——」

日常生活中，我們難免會遇到一些「三更半夜賣燒肉粽」的人，不妨用幽默的心情看待。

說起來，人還眞是不能少掉那一些幽默感。

有了它，再怎麼令人難堪憤怒的情形都能化爲滿堂大笑，再怎麼艱苦的困境也都能成爲喜劇的一幕。

只要一個人的心裡還有「幽默感」，就能用幽默的心情看待惱人的事情。

德拉特曾說：「幽默把笑變成一種寬厚的、近乎仁慈的善意。」

如果我們在人生旅程中，不論遇到任何愉快或不愉快的事情時，都能抱持著幽默的心情，那麼世界上又有什麼事能擊敗我們，又會有什麼地方能成爲我們的地獄呢？

幽默感是一種力量，因爲它讓我們笑，讓我們放鬆，讓我們能用更正面的角度去面對一切。遇到了挫折，也不會把精力花在怨天尤人上，而是能夠很快地爬起來，重新再來。

保持冷靜才不會出錯

只要願意多給自己一、二分鐘冷靜下來的時間，就可以為我們避免掉許多不該犯的錯誤。

有句話說：「蠢事總是在舌頭和拳頭比頭腦思考速度快時幹出來的。」舌頭比頭腦快，就會說出不該說的話；拳頭比頭腦快，就會做不該做的事。不知道你是否也曾反過來想想，自己身上究竟哪個「頭」最快呢？

一個傻裡傻氣的牛仔，跑到牧場老闆那裡向老闆通報。

「糟啦！老闆娘剛才去巡視牛欄，一條牛發狂跳出牛欄，老闆娘一跑，牠就跟著屁股追，一直追進前面那片森林去啦！」

牧場老闆一聽忙問道：「這件事發生多久了呀？」

牛仔說：「差不多有一個鐘頭了！」

老闆一聽火大了，不禁破口罵道：「該死的笨蛋！這麼緊急的事，你怎麼這麼晚才來報告啊！」

那個牛仔不慌不忙地答道：「老闆，你別緊張！我老早就聽人家說啦，要把老闆娘追到手，起碼要花一兩天的工夫呢！」

要是不小心發現自己的舌頭跟拳頭比較快，那可得想個辦法解決了。有個簡單的要訣，或許可以給我們做爲參考：遇到事情，動用到舌頭與拳頭之前，記得要求自己先從一默數到十！

如果數到十之後，舌頭跟拳頭還沒有釀出禍事，那麼就表示頭腦已經開始發揮管事作用了。

先想想自己要說的話，是不是該說？面前的這個人，是不是正確的對象？現在這個時刻，是不是該說的時機？等到思考得周全了再動口。至於拳頭，那就是最不應該的選擇了。

只要願意多給自己一、二分鐘冷靜下來的時間，就可以透過大腦運作，爲自己避免掉許多不該犯的錯誤。

畢竟，說了不該說的話，做了不該做的動作，是再也收不回來的！

想要受尊重，就要先付出尊重

日常生活中千萬要留心我們的言行，別讓它傷害了別人，因為在傷害他人的同時，也正是在扼殺別人對我們的尊重與信任！

我國作家謝德林說過一句很值得我們深思的話：「你不可能在河裡倒了垃圾，還指望河水清澈！」

如果一個人既在河裡倒垃圾，還要指望在河邊生活、洗米、洗菜、喝水，那就太愚不可及了。

河是這樣，人也是這樣。我們怎麼對待別人，別人就會用同樣的態度來對待我們，這是天底下最公平的事了。

有一天，調皮的小明興沖沖地跑到老師面前問道：「老師！女生主動抓男生的手，是不是表示她喜歡他？」

「怎麼？你今天被女生抓手啦？」老師說。

小明回答說：「嗯，是啊！我一直要甩開她的手，但是她還是一面抓，一面還說不要這樣嘛！」

老師心裡面想著，現在女孩子也未免太主動了，又繼續問道：「那她為什麼想抓你的手呢？」

小明說：「喔，因為我想掀開她裙子，然後她就抓住我的手了！她真的喜歡上我了嗎？」

你不尊重對方，對方又怎麼會尊重你、喜歡你？這個道理很簡單，可是卻有很多人不明白。

不要指望別人會對我們「以德報怨」，更別把他人對我們的善意視爲理所當然，那些都不會是憑空得來的，一旦破壞了他人對我們的信任與好感，就很難再得到對方的尊重與喜歡了。

《聖經》當中有這樣的一句話：「每個劣行都將留下一塊永久性的傷疤，彷彿被雙刃劍刺傷一樣。」

所以，日常生活中千萬要留心我們的言行，別讓它傷害了別人，因爲在傷害他人的同時，也正是在扼殺別人對我們的尊重與信任！

用冷靜的態度面對他人的意見

大部分的人對來自他人的建言，常常聽而不聞。總要到了雙腳已經踏空，才能恍然大悟。

俄國諷刺作家克雷洛夫曾經提醒我們：「不管面對什麼形式的批評，最好先弄清楚對方的意思，然後以機智幽默的方式回應。」

現實生活隨時都會發生意想不到的事情，出糗、難堪是每個人都會遭遇的人生考驗。面對批評，你該做的是抱持著幽默的心情，用冷靜的態度面對，有道理的虛心接受，沒道理的一笑置之。

一個人喝醉了，決定去「冰上垂釣」。

他從車裡拿出鑿子與釣竿，選了一個自認為很適當的地方。當他開始要鑿開冰層的時候，突然一陣雄壯的聲音從空中傳來：「喂，這冰塊下面沒有魚！」

他抬起頭，可是沒看到任何人影，於是搖搖頭，又繼續要鑿。此時，那個聲音又從空中傳來：「我剛剛說過了，這下面沒有魚。」

醉漢又東看西看，還是看不到人。

當他又一次拿起鑿子，那個憤怒的聲音又出現了：「我已經說了三次了，你聽不懂國語嗎？這裡沒有魚！」

醉漢聽了全身發抖，隨即望向空中，充滿敬畏地問道：「請問你是上帝，還是什麼神明？」

「不，我是這家冰上曲棍球場的經理！」

當一個人倒行逆施、行差踏錯的時候，其實不用上帝或天神，每個人都能告訴他：「你錯了！」

原因很簡單，因爲那個人身在局中，而別人卻能冷靜地從局外人的角度看見他的所做所爲；他的眼睛可能被激情、愚昧、利益……矇住了，對自己的行爲沒辦法做出正確的判斷。

這個時候，如果身邊沒有能向他說實話的人，那就實在太危險了。就像一匹蒙上眼睛往懸崖狂奔的馬，若沒有人願意勒住牠，就只能墜入深淵了。

可是，大部分的人對來自他人的建言，卻常常聽而不聞。

「忠言逆耳」是自古至今不變的箴語。

每個人都會覺得「你又不了解我」、「你又不明白」、「我不是你想像的那樣」、「事情才不會像你說的這個樣子」……因而拒絕相信、拒絕傾聽、拒絕他人的幫助；卻沒有想到，當一個人身在局中的時候，理智所能發揮的效用有限。因此，面對他人的意見，要用冷靜的態度評估，才不會到了錯誤鑄成後，才懊惱地說：要是當初聽×××的話就好了！

用實力贏得他人的尊敬

我們必須憑藉著自身的實力和能力贏得別人的敬重，那種敬重才是不會被剝奪，而且會是永久不滅的。

作家哈茲里特曾經寫道：「幽默詼諧是談話的調味品。」

但是，很多人卻不知道善用幽默這項利器，往往仗著年紀或輩份比對方大，或是自己握有某些權柄，不分青紅皂白劈頭就罵。

其實，心智成熟的人都知道，批評、指責別人的時候，不一定要板著臉孔；想要表達自己的想法，最好使用幽默的方法，千萬不要張口就又叫又罵，事後才不會讓自己尷尬。

眼前的這個人到底什麼底細？什麼來頭？奉勸喜歡仗著職權對別人頤指氣使的

輯6.

不管有沒有機會，都要幽默以對

別埋怨機會的優劣，
只要盡全力表現，
勤於變通思考，
那麼看似平凡的機會，
便有可能成為你跨入不凡機運的媒介。

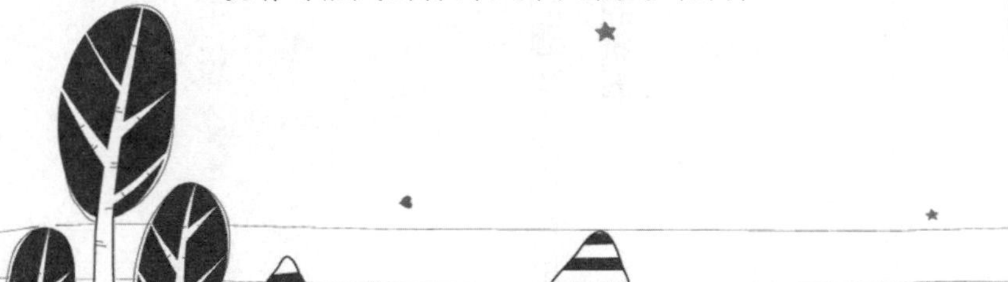

搞不清楚，就會越錯越離譜

搞不清楚就會越錯越離譜，錯誤的道路多踏一步，只會讓出糗、難堪的時候越來越多，能夠幽默回應的人畢竟不多！

幽默是話不投機的救生圈。當你忍不住想要說出自己的想法，不妨利用幽默的方式表達，不只效果會加倍，也可以瞬間緩和原本僵持對立的氛圍。

農業專家對老農夫說：「這種耕種方法已經落伍了，就拿這棵蘋果樹來說，如果再以落伍的方法栽種，蘋果的產量肯定無法達到一千公斤。」

老農夫點了點頭，幽默地說：「年輕人，你說的沒錯，其實我的看法和你一樣，這棵梨樹的確無法生產一千公斤的蘋果。」

只懂紙上談兵的專家碰到了正牌的農業專家，不管理論多麼充足，也不管學業證書有幾張，都比不上一輩子與果樹生活的老農夫！

從小小的故事中，我們看到了老農夫的處世智慧，也隱約看見了人們的迷思。學問高不代表經驗足，學歷高不代表專業夠，能力高不代表態度好，很多時候所謂的學歷、學識或本事，反而成了一個人的最大負擔和發展阻礙。

朋友過世讓小楊十分傷心，於是訂做了一個花圈以示悼念，並請店家寫下這幾個字：「安息吧，再見！」

之後，他又覺得才寫這麼幾個字太簡單了，連忙撥電話給店家，請對方幫忙修改幾個字：「麻煩您，請在前面再加上『天堂』，如果擠得下的話。」

第二天朋友出殯，小楊前來送別，這時才看見自己的花圈。看了之後，小楊差點昏倒，因為上頭寫著：「安息吧！天堂再見，如果擠得下的話。」

在笑談這個烏龍錯誤的時候，不免引人深思，看似簡單的幾個字倒也十足呈現出人們的態度。

如果話聽得不明白，就應該要再問一次，而不是隨便處理。即便一字不漏地聽了進去，代筆者也應該用專業的角度將問題找出來，然後加以解決。

搞不清楚就會越錯越離譜，錯誤的道路多踏一步，只會讓出糗、難堪的時候越來越多，能夠像老農夫一樣幽默回應的人畢竟不多！

這兩則小故事都告訴我們，培養專業不能只流於口頭說說，頭抬得越高，越看不見現實與真實，也會距離土地越來越遙遠。

如果連梨樹和蘋果樹都分不清楚，請別急著開口說大話，還是先學會低頭走入農田中，學習分辨果樹，並了解樹蟲和土地吧。

不管有沒有機會，都要幽默以對

別埋怨機會的優劣，只要盡全力表現，勤於變通思考，那麼看似平凡的機會，便有可能成為你跨入不凡機運的媒介。

導演問臨時演員：「等一下有一場與女主角的吻戲，你要不要演？」

臨時演員一聽，開心地說：「演，當然演！」

導演說：「很好，劇情是這樣的！等一下你會騎著機車在街上閒晃，然後女主角會朝著你走來，接著她將拋一個飛吻給你，你則愉快地回她一個飛吻，最後，你將因為這個分心動作而撞上貨車，當場車毀人亡！」

希望落空的臨時演員，心中想必感慨萬千，好不容易等到與主角互動的機會，也好不容易等到上鏡頭的機會，沒想到竟是這樣的角色。上台匆匆，下台也匆匆，在這匆忙間，我們也看見了理想與現實的距離。

不過，雖然理想與現實有些距離，倒也不必就此放棄夢想，而是要懂得用務實的態度去追求理想。

男子問專家：「我經常閱讀《汽車之家》，原本是想從中學點開車的技術，但不知道為什麼，每年都還是會發生車禍意外。您能不能幫我想個辦法？」

「這件事很容易啊！除了暫時不要開車外，就是等待《非汽車之家》這類新雜誌出版後，再決定要不要開車上路吧！」專家說。

你認爲這個男子的問題出在哪裡呢？

我們總是習慣從別人的經驗或意見裡找答案，殊不知，每個人的情況有異，而且實際上可能遭遇到的問題和困難不同，不能囫圇吞棗地套用同一個道理，要懂得靈活變通才是。

無論如何，都要保持開朗、正確的工作與生活態度，從積極行動中發現機會。千萬別埋怨機會的優劣，只要盡全力表現，勤於變通思考，那麼看似平凡的機會，便有可能成為你跨入不凡機運的媒介。

不管是臨時演員，還是不懂開車要訣的男子，都讓我們明白，生活理想與現實是有些距離的，不能只會空談理論。倘若不能從實際行動中學習或修改步伐，就只能在原地踏步，夢想也將因此停滯不前。

笑看臨時演員得面對的殘酷現實，如果他下定決心要在演藝工作中闖蕩，必然會幽自己一默，好好把握這個表現機會。

不管是否能與女主角擁吻，也不管是不是有機會在大螢幕上露臉，只管做好自己的工作，只管把表演的本事展現出來，說不定就在這個飛吻或倒地動作後，便有機會躍上主角之位！

用幽默的方法，秀出自己的想法

說話辦事之時一定要講究輕鬆溝通的技巧，越「難過」的時候，就越需要用幽默的方法，秀出自己的想法。

化解矛盾的最有效方法就是幽默，面對惱人的事，與其憤怒地破口大罵，還不如想辦法用幽默的角度看待。只要適時運用幽默的方法，就能避免彼此爭論、對立，而且可以使對方瞬間恍然大悟，理解自己犯下的錯誤。

建築大師為一位財大氣粗的富商設計一座豪華墓園。

建成前，富商不斷詢問建築師：「這裡看起來好像還缺點什麼，不是嗎？難到你真的沒發現？」

「是，還缺了點東西！」建築大師終於也認同他的看法。

「是嘛，我就知道！那……那是什麼？」富商看似明白，事實上根本不清楚這裡到底缺了什麼東西。

設計大師笑著說：「現在，只缺你了！」

財富權力確實誘人也懾人，然而不是所有的人都會爲之著迷，畢竟財富常引來危險，權力則更常讓人迷失其中。

只是，無論怎麼提醒其中的險厄，還是有數不盡的人選擇踏入財富權力帶來的陷阱，選擇讓自己迷失在花花世界裡。

再看看以下這個例子，或許像這樣的人物也經常發生在你我身邊。

有個美國政治人物為了增加自己的曝光率，舉辦了許多造勢活動，其中一場是到精神病院拜訪病人。

參觀時，他忽然想起要與某人連絡，於是連忙從醫院撥了電話出去，但是不知道為什麼，始終無法與對方連上線。

這時，大人物忽然情緒爆發，當場大發官威，對著女接線員大吼：「小姐，你知道我是誰嗎？」

「不知道，不過我知道您是從哪裡打來的！」女接線員冷靜地回答。

不管政治人物的情緒如何暴怒，女接線員仍冷靜以對，還聰明地藉題發揮，暗諷政治人物的行爲可笑，與第一則設計師的嘲諷有著異曲同工之妙，這正是我們需要多加學習的應對智慧。

他們不把不滿的情緒發出，以機智回擊，不只更顯示出權貴者的愚昧，也讓人看見小人物的不平凡處！

聽著設計師的嘲諷，不覺莞爾，他率性點出富商的迷失，簡單的一句話也引人深思。現代人日夜競逐於金錢的遊戲中，忽略了健康，也忽略了生命的價值，總是到了臨終之時才發現自己尚有一堆心願未了，卻已經來不及了，徒留下無盡的悔恨和遺憾。

人們的執迷不悟，就像富商爲自己人興華麗陰宅的執迷一般，生與死孰重孰輕，只有聰明的人能做聰明的選擇。

同樣的，看著接線員聰明地藉由電話來源，輕鬆回擊政客的「愚騃」，讓人知道，淡看名利是件好事，至少不必受制於名聲權力的牽絆，可以快樂裝傻，也能快意地表現聰明巧智，不必強迫自己爲了名與利裝模作樣。

與其心心念念於財富權力的競賽，不如選擇當個聰明的平凡人。唯有懂得拒絕不必要的權力加持，懂得拒絕不必要的財富壓力，才能嚐到快樂生活的美味，更彰顯平凡中的無價。

此外，活在這個紛紛擾擾的時代，想要提昇自己的處世競爭力，說話辦事之時一定要講究輕鬆溝通的技巧，越「難過」的時候，就越需要用幽默的方法，秀出自己的想法。

從對方的角度尋找出路

凡事動一動腦，便能很快找到出路，不要老用直線思考。想解決問題，要多用智慧想方法，還要多從別人的角度尋找出路。

想要表達自己的想法，最好使用幽默的方法。幽默是最強大的征服力量，既可以讓對方卸下原有的心防，也可以緩和潤原本僵持對立的氣氛。

有位校長為學生們最近的一個行為感到困擾，該校的女學生都很愛漂亮，很喜歡在洗手間補妝，特別是對著鏡子擦口紅！

如果只是簡單地照照臉倒還好，讓人搞不懂的是，她們一個個都很愛在擦完口紅後，再將唇印留在鏡子上。

校長和教務長討論這件事時說：「得想個法子解決！」

校長想了一天，終於想出了一個妙計。

第二天，校長叫所有女學生到洗手間集合，當場請清潔工人示範一次清潔工作，好讓女孩們明白這些口紅印有多難清理。只見清潔工拿起一把短毛刷子，將刷子就近在馬桶裡沾了水後，便走到鏡子面前，開始用力地刷洗鏡子，刷了很久才將油油的唇印弄乾淨。

從那天起，再也沒有人把唇印留在鏡子上了。

多聰明的校長，遇到難題並沒有大聲斥責，只用一個小動作便把麻煩解決，從中也讓我們明白，一味說大道理或用強制的方法，常常難以服眾，不如想個簡單又有趣的方法來處理問題。

凡事動一動腦，便能很快找到出路，不要老用直線思考。約束、強制只會讓人不悅，有些時候還會產生反效果，與其強勢要求，何妨想個聰明的方法，不是更能讓事情輕鬆解決？

當別人有求於我們的時候，不要只想著與人爭論道理、是非，更不要惡言拒絕，冷靜幽默地想個好方法來面對，反而更能免除後患和不必要的麻煩。

有個男子在一家銀行的門口擺攤賣玉米，由於玉米非常新鮮好吃，不只累積了不少老顧客，更累積了一筆可觀的財富。

有個老朋友聽到這消息後，特地前來找他，一見面便對玉米伯說：「我想向你借一點錢做生意。」

玉米伯聽了，滿臉歉意地說：「對不起，這件事恐怕我不能答應。因為，當年我在這裡擺攤，便已經跟這間銀行訂下了合約，我們互相答應對方，絕不搞商業競爭。換句話說，這間銀行不能賣玉米，我也絕對不能有貸款業務的行為，你想想，我豈能不守信用呢？」

或許有人要問，銀行與玉米伯真的簽約了嗎？

其實，有沒有簽約並不重要，但是，這個繞了一圈的解釋，倒也讓人清楚他的拒絕意思，也同時顧及了老朋友的情誼。

少了直接拒絕的難堪，又留了退路，讓對方知難而退，不只仍能維持了兩個人的情感，也能讓老朋友不再糾纏。這個情況與校長的用意相同，試想，若是強勢拒絕或制止，必然會引發不滿的情緒，也不免引起反彈，若再處理不當，反而更添不必要的麻煩。

想解決問題，要多用智慧想方法，還要多從別人的角度尋找出路。一如這兩則小故事的主角一般，看似守護自己的立場，其實也都透露出對學生與朋友的尊重，校長不直指女孩們的錯，玉米伯不否定朋友的貪婪怠惰，卻都能告知問題的要點，也讓他們明白「自重人重」的道理，不是嗎？

別在錯誤中執迷不悟

人生只有一個，不該執迷於某些習慣或名氣之中，也許生活最終得重新開始，但至少我們沒有執著於一錯再錯的腳步中。

羅克無奈地對朋友說：「我真不知道這間醫院是怎麼一回事，我住進醫院後，一個醫生診斷說是闌尾炎，另一個卻說是膽結石。」

朋友關心地問：「結果問題是什麼？」

「唉，沒想到他們因此爭論不休，互不相讓，甚至還丟硬幣決定，但最後卻割了我的扁桃腺。」羅克哭喪著臉說。

若要論醫生的醫德，總是有論辯不完的話題，然而不能否認的是，對病人來說，醫生的專業才是他們最重視的問題，即使醫德出現瑕疵，只要能保住他們的性命，即使心中有諸多不滿，很多事也只能自認倒楣。

看到羅克這種遭遇，雖然讓人覺得好笑，然而換個角度想想，病人們其實不也是造成這個結果的推手，執意要名醫診治的情況下，不知有多少病人反而耽誤了病情？我們再舉另一個情況，從這件事來思考省思，或者能引人有不一樣的思考啓發。

醫生仔細檢查了一番後說：「老先生您盲腸發炎了，要馬上住院治療。」

老先生說：「醫生，能不能請您再檢查一遍，我……」

醫生一聽，不悅地說：「我是醫生還是你是醫生？」

老先生說：「您是醫生！可是我一定得說明一件事，我的盲腸在上次感冒時就已經被您切掉了！」

新聞中常見的誤診，通常造成了病人們無法彌補的傷害。醫生自然有著應負的責任，但很多時候，人們面對名醫的迷信和畏懼，就與面對權威或專家的情況相似，心中明明出現懷疑，卻不敢把問題提出來討論，非得等到錯誤發生之後才發洩氣憤。只是，錯誤已經造成，再多的不滿和抗議，或是再多的哭泣和後悔，又有何用？

生命是自己的，人生也在我們掌握中，即使相信對方，也一樣不能忽略自己心中的眞正感受和想法。無論對方採納與否，也不管對方是否願意傾聽，至少要把心中的想法表達出來，才不致讓自己苦呑悶氣。

就像故事中的病人，不管醫生如何強勢，別忘了我們的主控權，盲腸在上次就被誤診錯割了，實在沒必要再給他一次機會！身體只有一個，我們的人生也只有一個，不該執迷於某些習慣或名氣之中。也許，生活最終得重新開始，一切得從頭做起，但至少我們沒有執著於一錯再錯的腳步中，因爲重新開始，代表著我們給自己再一次實踐成功的機會。

多給孩子正面積極的生活態度

刻意傷人或損人的動作要少一些，一切問題應該多以正面的態度去面對解決，如此，才能讓人際關係少一點尷尬、阻礙。

阿民剛出現在阿星家門口時，阿星的狗狗還很溫馴地對他搖尾巴，不過，當他和阿星一家人用餐時，那隻狗卻不知道怎麼了，眼神忽地變得十分兇猛，一直盯著看他，到最後竟對著他吼叫了起來。

這讓阿民有些坐立不安，忍不住對著阿星說：「你們家的狗怎麼了，為什麼忽然變得那麼兇？」

當阿星要回答的時候，他的兒子搶著回答：「小莉不一點也不兇啦，牠平常很乖的，要不是你拿了牠的碗，牠也不會這樣。」

阿民一聽，瞪大了眼看著阿星，只見阿星尷尬地說道：「這……呵，我不知道，可能拿錯了吧！」

仔細想想，眞會是拿錯了嗎？

我們常常覺得大人不如孩子的原因，便在於在情感表達上，大人們始終不像孩子們那樣誠實，也不像他們那樣眞情流露！

雖然我們都知道，寵物和人共餐的情況很平常，然而藉口「拿錯了」，卻更讓人覺得虛僞，用幽默的態度認錯，或是坦誠家裡多餘的碗筷就此一副，也許還能獲得體諒。

溝通雖然要有技巧，表達意見雖然也要多轉彎，可有些情況轉過了頭，反而更增添彼此的疙瘩和誤解，一如下面的情況。

小喬治生日這天收到一個小鼓，那是他學音樂的叔叔送給他的生日禮物，讓小喬治非常開心。他和小鼓天天在一塊兒，形影不離。

有一天，喬治回到家時，老婆對他說：「親愛的，我們鄰居好像很不希望小喬治再玩小鼓了，雖然他表現得很含蓄。」

「是嗎？他是怎麼表示的？」喬治問。

喬治的老婆拿出了一把小刀，然後糾著眉說：「你看，他今天下午送給小喬治這把小刀，還對他說：『小喬治啊，你知道這小鼓的肚子裡藏了什麼東西嗎？想不想看看，是什麼讓它發出那樣美妙的聲音呢？』」

喬治的老婆客氣地說鄰居表現含蓄，事實上眞是如此？以贈送「小刀」的情況來看，答案恐怕不是如此。鄰居未能正大光明地和喬治溝通，卻是利用心機，暗中搞小動作，將錯誤的念頭教給小喬治。如此的作爲不僅傷害極大，還會爲喬治增添教育上的麻煩！

不管是阿星還是喬治的鄰居，他們最大的問題便是將不良的情緒與解決問題的方法表現在孩子的面前，不只會讓孩子誤以爲「那是正確的」，還會讓他們衍生錯誤的生活觀念。

如果鼓聲太吵，何不直接和家長溝通，或許還能使他們教導孩子學會體諒與自制，不是嗎？

在孩子尚不能分辨行爲對錯時，偏激與圓謊一類的動作要盡量避免。

不管如何，刻意傷人或損人的動作要少一些，否則一旦被發現，也許可以用謊言帶過，守住自己的人際關係，但在不經意間，孩子們恐怕早就從中吸收了錯誤的觀念，使得他們感到矛盾困惑，甚至價值觀出現誤差偏頗。

若是朋友會介意使用狗碗，那就自己手捧狗碗吧；如果實在受不了小鼓聲，那就積極溝通約束孩子玩樂的時間吧。

一切問題應該多以正面的態度去面對解決，如此，才能讓人際關係少一點尷尬、阻礙，還能在教育孩子時，把正確、正向的生活觀念傳遞給他們。

要實現心願，就要少一點埋怨

不管「牛糞」也好，電腦選擇的也好，既然都已經選擇了，一味埋怨後悔，只是多添自己悲傷陰暗的生活苦味罷了。

莎莎忍不住對兒子說：「唉，想當初我嫁給你老爸時，大家都說就像是一朵鮮花插在牛糞上。」

兒子問：「那為什麼妳還要嫁爸爸？」

莎莎說：「唉！這年頭，牛糞也不是很好找啊！」

看著莎莎的埋怨，顯示出男女世界的趣味與矛盾。

與其同情莎莎沒得選擇的可憐處境，不如和她一起學習追求幸福之道。畢竟想擁有幸福，除了要求對方努力，也得嚴格要求自己更努力。

名作家柏楊曾說：「天下最殘酷的事，莫過於一朵鮮花插在牛糞上。如果僅只旁觀者有此觀感，還沒有太大關係，一旦鮮花有此感覺，就變成了一顆定時炸彈，糟透了頂。」

眞正的幸福戀曲得由兩個人共譜，想有完美演出，更須兩個人都盡力配合對方練唱，如此才能在正式合唱時，默契十足地唱出幸福的天籟之音。

幸福是兩個人的事，少一方都不行，這和人生道理一樣，無論目標怎麼選擇，最終下決定的人始終是自己，即使是選到「牛糞」，也不能埋怨任何人，更不能將責任推卸給任何一方。

如果只會埋怨，只會怪責別人，那麼不僅遇見幸福不易，即使幸福在手，也無法緊握，就像下面這個女孩的情況。

萱萱才剛結婚六個月，便苦著臉去找離婚律師了。

律師問：「為什麼要離婚呢？」

她對著律師哽咽地說：「我和他是電腦擇友認識的，那台電腦真是混蛋，真搞不懂它到底看上他哪一點！」

雖然這裡我們無法完全了解萱萱的情況，但是從「電腦擇友」這幾個字上，倒也不難猜出一點端倪。

現代愛情多半是速食主義，相親結婚也算速食之一，因爲其中有許多人只是爲了一個「急」字，所以匆匆面談，也匆匆決定結婚，連相處了解的試用期也沒有。在這種情況下，結婚之後要面對的第一關，自然是彼此不同的個性與生活態度的磨合了。

其實，即便是自由戀愛的男女也不乏一時衝動的決定。我們都知道，愛得深不代表能包容一切，相信自己會理性處理問題的，最終常常失了理性；堅持未來必能克服一切阻礙的，最後總還是無法面對。原因無他，人們在癡迷愛戀的時候，總忘了「現實」兩個字。

聽著萱萱怪責電腦，不禁讓人深思著，不管生活的方向怎麼選擇，人生終究是自己的，不管「牛糞」也好，電腦選擇的也好，既然都已經選擇了，就別再怪月老開自己玩笑，也別再質疑媒人婆是否點錯了鴛鴦譜，一味埋怨後悔，只是多添自己悲傷陰暗的生活苦味罷了。

男女情愛其實和人際交誼一樣，多用一份心去看待，也多一點耐心去溝通，然後再張大雙眼看清自己眞正想要的愛，自然能得一個好的姻緣，更能減少哭泣說後悔的時候。

多與孩子溝通，尋求彼此認同

孩子們的生命態度與處世態度必須自小培養，既然想肯定孩子，就把孩子當大人看待，多花點耐心解釋、溝通。

小明的數學成績原本非常差，可是，自從父親把他轉到一所基督教學校就讀後，他的數學天分似乎被激發出來，成績突飛猛進。

小明的爸爸見狀雖然開心，但心中不免感到好奇，有天便找機會問小明：「你們老師是怎麼教的？」

小明說：「老師怎麼教啊？我也不大清楚，我最記得的是，第一天到學校的時候，我看見有個人被釘在數學的加號（＋）上，我猜想，要是數學不好的話可能會被釘在上面，所以……」

因爲害怕被處罰，所以小明逼自己要認眞學習，這樣的好成績可說是在適度的壓力下督促出來的。只是，像這樣的「壓力」和「處罰」，不免又要被倡導愛的教育的人士責難。

孩子的教育很難提出一個準確、完善的方式，有些人確實需要一點壓力才能激發潛能，有些人則需要嚴謹的賞罰加以督促或鼓勵，唯有拿捏「適度」，因才施教，才能得到最好的教育成果。

當然，所謂的「適度」，不是那麼容易拿捏，特別是當大人們把孩子視爲「只是個孩子」的時候，便很容易將態度傳錯，適度最後往往變成了過度，好像下面這個例子。

孩子苦著臉問父親：「爸爸，我是不是很笨？」

孩子的爸安撫他：「孩子，你一點都不笨啊！」

父親的安慰似乎無效，孩子仍然否定自己：「但是，為什麼每個人都說我很笨呢？為什麼？」

父親聽了，連忙說：「那是因為他們不了解你啊！」

「可是，我真的覺得我很笨啊！」孩子哽咽著說。

見孩子的腦筋始終轉不過來，父親有些不耐煩地說：「拜託，你一點都不笨好不好！笨蛋！」

對大人而言，這或許是一個很簡單的問句，可是對孩子來說，卻是個需要絞盡腦汁思考的問題。

面對一個又一個的「爲什麼」，一個又一個極待「解答」的問句，大人若是少了點耐心，很容易受到情緒影響，最終便以不耐煩的態度回應，孩子最後不只得不到答案，反而更加肯定自己是「笨蛋」，一如這個故事的情況。

孩子們的生命態度與處世態度必須自小培養，若是得不到良好或正確的學習態度，長大後那些根深柢固的觀念、心態便很難修改，即使有決心改變，也將花費比別人更多的時間。

所以，把孩子當大人看待，多與孩子溝通，尋求彼此的認同吧！想想我們爲了因應社會人事，可以那樣費心了解一個人，爲何卻不肯在孩子們的身上多用點心力和耐心呢？

既然想肯定孩子，就多花點耐心解釋、溝通，如果孩子犯錯，就給予適當的處罰，只要不是情緒化的宣洩，讓孩子明白處罰的原因，他們自然會從中學會教訓，並學會律己和自重的。

終日迷醉，只會錯過機會

不要再用酒精麻醉自己，人始終得清醒著面對生活。迷糊過日，只會讓人喪志墮落，即使好機會在眼前，也只能眼睜睜地讓它錯過。

有個男子喝得醉醺醺的，上樓時只見他一個不留神從樓梯上滾了下來，一路滾到大馬路上。左鄰右舍聽見叫聲，紛紛跑出來看是怎麼一回事，不久警察和救護車也趕到了。警察上前問男子：「發生了什麼事？」

這酒鬼迷迷糊糊地回答：「我哪裡會知道？我也是剛剛才到。」

看到這則故事，不免讓人想起新聞畫面上那些讓人啼笑皆非的酒鬼，醜態百出卻渾然未知的模樣，總是引人譏責聲連連，只是嘲笑歸嘲笑，不久之後這些酒鬼便又故態復萌。

酒精眞的害人不淺，再看看一個有趣的例子。

有個酒鬼喝得酩酊大醉，朋友們勸他別開車，但他執意要自己開車回家。

正巧，回家途中遇上警方臨檢，當即被發現違規酒駕。然而，就在警察準備酒測時，前方發生車禍，這名員警被同事叫去支援，於是對這酒鬼說：「你給我乖乖站在這裡！」

「哼，我為什麼要聽你的？」員警一離開，這名男子立即開車回家。

第二天中午有一名員警來找他，一見面，員警便氣呼呼地質問：「先生，你昨天晚上酒醉駕駛被我捉到，還不快把證件交出來。」

男子一聽，立即反駁：「你胡說八道，我昨天一整晚都在家裡，根本沒見過你，哪有酒駕這回事！」

警察聽了，冷冷地說：「是嗎？那麻煩你打開車庫，讓我看一看。」

結果，男子打開車庫一看，赫然發現一台警車停在裡面。

故事是有趣的，可是現實生活中這類的情形常常是悲慘的結果。飲酒作樂、紙醉金迷或許可以得到一時暢快、遺忘，但醒來之後呢？

不要再用酒精麻醉自己，人始終得清醒著面對生活。渾渾噩噩，迷糊過日，只會讓人喪志墮落，即使好機會在眼前，也只能眼睜睜地讓它錯過。

其實，在眾人面前出糗沒什麼，既然錯已鑄成，只要我們不再找理由，不再閃躲，勇於認錯，也勇於面對，等到我們能清醒面對自己的時候，便是重新開始，展開新生活的最好時機！

學會笑看曾經有過的荒唐，然後學習用智慧面對生活的陰暗，想要清醒或是繼續迷醉，聰明人必會給自己一個聰明的選擇。

輯7.

難過的時候，為自己找個藉口

越難過的時候，越需要幽默，
當彼此的關係惡化，
不妨適時為自己也為
別人找個藉口，緩和彼此心中的那些不滿情緒！

提防虛情假意的小人

現實生活中，我們反而害怕遇見這一類虛偽地表現誠意，也虛假地展現真心的人，他們使壞往往是暗著來，讓人防不勝防！

有男子要為死去的丈母娘立一塊碑，來到一家石碑店詢問價格，只見他這麼問老闆：「請問，你這兒有沒有物美價廉的石碑啊？」

老闆楞了一下，回答說：「有啊，我這兒正好有這麼一塊物超所值的石碑，不過，那上面已經刻上別人的名字了。」

「真的嗎？那太好了，我就要它了。有字沒關係，反正我的丈母娘是不識字的！」男子開心地說。

不是真心以對，再多的動作都是虛偽，一如故事中的男子。

人類世界多得是以利字當頭的心態，不時可以聽見人們的埋怨感嘆，卻鮮少聽見人們的深自反省。

仔細想想，如果換作是我們自己，是否也會希望受到他人如此對待？

一場億萬富翁的葬禮上，各方人馬把現場擠得水洩不通。在哭喪哀戚的人群中，有個年輕人顯得十分突出，相較於其他人，這個男子哭得最為淒厲感人！

不少人走來他的身邊安慰他：「想開點吧！」只見他哽咽地點了點頭，什麼話也沒說。這時，有人好奇地問他：「請問，那是您的父親嗎？」

沒想到年輕人一聽見這個問句，反而哭得更慘，但他們得到的答案卻是：「天哪！為什麼他不是我的父親啊！」

正因爲富翁不是他的父親，所以更讓他覺得感嘆，也因爲人們誤以爲他是富翁之子，所以不少人上前安慰關心，當人們知道他只不過是不相干的人後，是否願意繼續給予安慰安撫？

我們常感慨人性的現實，許多人也一再提醒我們人性的險惡面或醜惡面。可是，很多時候我們也發現，那些擺明心地醜惡的人，反而更讓人容易防備，也更讓人覺得他們性情眞實。至於第一則故事中的男子，則是不折不扣的小人。現實生活中，我們反而害怕遇見這一類虛僞地表現誠意，也虛假地展現眞心的人，他們使壞往往是暗著來，讓人防不勝防！

聰明的人要張亮雙眼，不要被那些漂亮好聽的話欺騙。虛假的人很容易露餡，好像男子對丈母娘「不識字」的否定，眞正有誠意的人不會用諷刺的字詞嘲笑親人，不管自己的親人如何，他們都會謹記尊重這兩個字。

越會想像，就有越多選項

人生道路狀況百出，不要只懂得選取別人給的答案，思考越廣，我們越能打開自己的視野，越有更多選擇的機會。

演出季節開始後，劇院裡的人潮幾乎天天爆滿，這天，售票處又掛出一張「票已售完」的牌子。

馬克經過劇院時，見到這種盛況，不禁好奇地問一名路人：「請問，這齣戲真有那麼大的吸引力嗎？」

路人點了點頭說：「當然，因為劇中女主角頻頻更換服裝，光這點便十分吸引女性觀眾。另外，那個女主角每次都是站在台上當眾更衣，光這點就十分吸引男性觀眾啦！」

這個原因是不是讓你聽得不住大笑點頭呢？

看來古今中外皆然，人們面對相同的問題總會失焦，在這類演出當中，戲劇的張力或劇情的可看性不只沒有人在乎，有時甚至還顯得多餘。但是，換個角度深思，許多人不也和故事中大多數的觀眾一樣，觀看事情的時候老是捉不到重點，甚至還經常抓錯重點！

下面這個例子將更加讓人明白，聰明思考的重要性。

主考官正在對比利考口試：「請問，如果你開車之時，突然看到一條狗和一個人出現在前面，這時你撞狗還是撞人？」

比利毫不猶豫地回答：「當然撞狗啦！」

只見主考官搖了搖頭說：「你下次再來吧！」

比利一聽，很不服氣地問：「為什麼？我選擇撞狗有什麼不對嗎？難道你要我去撞人啊？」

「不，你應該要緊急煞車。」主考官緩緩地說。

好一個「緊急煞車」，這個看似腦筋急轉彎的例子，其實讓人更加明白生活智慧的重要，只有具備一定的智慧，才不會做出錯誤的選擇。

到底生活中什麼才是最重要的？我們在解決生活問題時，該怎麼選取才會能有最好的選擇？

這個答案並不容易解開，只要我們努力從日常生活中反省，就能得出一個最適宜自己的答案，但要記住，這個答案卻不一定適用於其他的人，其他人的答案也未必適合你。

不要人云亦云，也不要盲目跟從，每個人都要有自己的想法才行。

好像第二則故事一樣，人生道路狀況百出，不要只懂得選取別人給的答案，要多一點想像，也多一點思考，想想這三個或第四個選擇，即使它們不在人們給的選項裡頭也無妨。

因爲，越會想像就有越多選項，思考越多越廣，我們越能打開自己的視野，越有更多選擇的機會。

我們不必特立獨行，但一定要有與衆不同的企圖心，當大多數人都這麼看、這麼說的時候，我們要懂得從其他的角度中發現不同。

聰明的人不會一窩蜂，也不會只看表面現象，他們更懂抓住別人忽略的機會，爲自己創造獨一無二的成功成果。

用輕鬆的心情面對環境

負面想法和情緒太多，最受傷害的始終是自己，事事看不順的結果，只不過讓自己困陷這些埋怨中，終致看不見希望和機會！

作家佛列克曾說：「一個人在『難過』的時候，如果懂得跟自己開玩笑，那麼，這個『難過』就會在自己心中沉沒。」

其實，所有讓自己「難過」的事，是否真的那麼難過，完全取決於自己的一念之間。如果，你懂得在遇到「難過」的事情時，選擇用「跟自己開玩笑」的幽默態度面對，將會恍然發現，原本讓自己感到「難過」的事情，並非如自己想像中的那麼難過。

瑪麗很不喜歡現在住的房子，不滿地對媽媽說：「媽，為什麼我們不能住房租高一點的房子？」

瑪麗的母親回答：「孩子，別著急啦，我們很快就能住貴一點房子了。」

瑪麗一聽，開心地問：「真的嗎？什麼時候？在哪裡？」

瑪麗的母親笑著說：「就在明天，因為房東剛剛告訴我，從明天開始，這裡的房租就要漲價了！」

瑪麗媽媽的自我解嘲，或許讓人覺得苦中作樂，但是從「知足」的角度來思考，或者更能讓人學習樂觀生活的態度吧！

當眼前的際遇不如己意，與其整天唉聲嘆氣，倒不如發揮幽默感，沖淡心中的那些負面情緒。好像下面這則故事，在看似嘲諷埋怨的對話中，其實我們也看見了與眾不同的生活智慧。

法國人自嘲著說：「你不知道吧！法國國旗上的色彩有著非常重要的意思，因為它完美地表現我們納稅人的感情。其中，藍色代表我們賦稅季節來臨前的心情，白色則是我們收到納稅單時的臉色，至於紅色，則是我們與稅捐機關人員交換收據時的表情。」

美國人聽了，笑著回應說：「那有什麼？你不知道，我們美國國旗才有意思呢！設計者為了突顯我們拿到納稅單之時遭受的打擊，所以才會在國旗上畫了那麼多顆星星！」

幽默式的嘲諷讓人減緩了情緒，更讓人學會面對現實的坦然，不管是臉色變化的寓意，還是滿天星星的自嘲，其中雖有些不滿情緒，但透過言語表現出來的，反而多了一點樂觀幽默的面對態度。

其實，不管是房租變貴，還是稅賦制度，都是現代人無法避免的事，既然如此，我們又何必給自己那麼多不滿情緒？

想法由人，我們阻止不了別人的悲觀想像，也阻止不了他人的情緒埋怨，但是可以給自己更多的正面積極念頭，給自己更多的快樂想像。只要不讓自己觀看世界的角度變得極端,少一點埋怨,也少一點不滿情緒和不滿足,自然不難發現生活美好的一面。

這不是阿Q式的精神勝利法,而是因爲負面想法和負面情緒太多,最受傷害的始終是自己,事事看不順眼的結果,只不過讓自己困陷這些埋怨中,終致看不見希望和機會!

作家傑克森曾經寫道:「所有讓人『難過』的事情,通常不是事情的本身,而是我們面對這件事情的態度。」

因此,當一個人遇到讓自己痛苦難過的事情,與其整天愁眉苦臉,還不如用自嘲式的幽默「苦中作樂」。如此一來,再如何「難過」的事情,也會在「幽自己一默」當中輕鬆度過。

無論對人對事,只要我們願意多想一想,用輕鬆幽默的心情面對當下的環境,就不難走過各式各樣的困境。

難過的時候，為自己找個藉口

越難過的時候，越需要幽默，當彼此的關係惡化，不妨適時為自己也為別人找個藉口，緩和彼此心中的那些不滿情緒！

報紙上登載了一則購屋啟事，全文如下：「本人急需一間房屋，希望空間寬敞一點，最好能讓我的妻子住進去之後，就不再想回娘家了。附帶一提，我希望房子不要太大，空間最好能讓我的丈母娘看了，不會有想與我們同住在一起的念頭……」

看完了這段廣告啓事，不知道帶給你什麼樣的想法？

夫妻間的問題十分多樣，然而不論是婆媳關係出狀況，還是夫妻不和，大體來說都是溝通出了問題，因爲彼此不肯退讓，固執地站在獨木橋上對峙，誰也不讓誰，終致變成難解的夫妻問題或婆媳問題。

好像下面這個故事，很多感情、婚姻的困擾，問題並不是出在人的部份，往往是自己的心結！

阿美忍不住問阿珠：「咦？去年遇到妳的時候，妳不是說和老公不合準備離婚？怎麼到現在還住在一起啊？」

阿珠無奈地說：「一切都得怪『意見不合』！」

阿美不解地問：「那是什麼意思？」

阿珠嘆了口氣說：「唉，因為贍養費談不攏啊！」

眞的是兩人意見不合，贍養費談不攏，所以遲遲無法簽字離婚，還是根本是不想離婚的藉口？

不論當事人抱持什麼理由、藉口，我們都可從這兩則故事中找出問題。

其實，人與人之間常見的麻煩事總不離「溝通」兩個字，好像第一則故事一樣，老婆不回家，本來是兩夫妻之間的問題，但最終還牽扯出了拒絕丈母娘同住，無疑說明了這個男人的自私與自我。

試想，若是溝通順暢，老婆又怎麼會一天到晚跑回家？如果多份包容心，丈母娘造訪同住又怎麼是個大麻煩？

在第二則故事中，男人女人都一樣，因爲丟不開的面子問題，所以才會用「贍養費談不攏」當藉口，回答這個讓自己尷尬的問題。

畢竟，有心分開總會想法子分手說再見，但女人爲了讓自己留下的原因更合理，於是看似不合乎邏輯的「意見不合」，竟然成了最合理的解釋，也成了男人女人繼續牽手下去的最佳理由。

但換個角度想想，或者正因爲這個「分不了」的因素，更讓他們有機會學習「包容」與「接納」彼此。

不論是小家庭、大家庭，還是一般的工作場合，想有個無爭且和氣的人際關係，最重要的不是要求別人應該怎麼退讓，而是反問自己是否願意多一點包容和寬容。因爲，不管我們如何切割分離，也切不斷與人互動的機會，更阻絕不了自己與別人交流！

不要再說因爲親近親密，所以可以少一點包容和體貼，正是因爲這層親密關係，我們才擁有更多的力量與希望，因此我們更要懂得包容體貼，一旦我們失去外援，最終仍得靠周遭親朋好友的力量支持自己再站起來。

越難過的時候，越需要幽默，當彼此的關係惡化，不妨學學第二個故事，適時爲自己也爲別人找個藉口，就算是個無厘頭的藉口，至少也能緩和彼此心中的那些不滿情緒！

與其計較，不如想想解決之道

處世不要計較那麼多，凡事多轉一轉，不要固執地糾在某個結點上苦思計較，能把問題解決才是最重要的。

埃爾和幾個工人正在碼頭裝卸貨物袋，每卸一袋，埃爾都會用粉筆在木板上劃一個符號記錄。

這時，一條流浪狗經過，忽然抬起了腿對著那個記錄板撒起尿來，轉眼木板上的粉筆記錄被沖刷得模糊不清，即使仔細看也看不清楚。

埃爾發現之後，怒不可抑地對著流浪狗大罵：「哪裡來的混帳東西，居然把這筆帳都毀了？」

這真該怪流浪狗的那泡尿嗎？還是得怪埃爾處理事情不夠嚴謹呢？

生活中像埃爾一樣的人不在少數，一遇到問題，不思考問題到底出在哪裡，卻急著追究責任歸屬，只是很多情況是，負責的對象找出來了，可是問題一樣解決不了，好像下面這個情況。

房客氣呼呼地跑來和房東理論：「我實在無法忍受了，房東先生，您這屋子為什麼老是漏水呢？」

沒想到房東聽了，卻說：「先生，這點我真的沒法子了，您才付那麼一點房租，不漏水，難道您奢想漏香檳酒不成？」

漏水的問題當然得由房東解決，然而現實生活中很多人都像故事中的房東一樣，問題很清楚地擺在眼前，但是無論是負責的人還是共事者，常常只顧著研究責任歸屬問題，卻不想怎麼「解決問題」！

想想我們自己，也想想曾經發生在你我身上的問題，當某些事件發生的時候，我們習慣先把問題解決，還是只顧著推卸責任？

團隊中，每個人都有自己的責任，少一個人負責都不行，不管領導者能力如何，既然要層層分工，便是爲了讓每人都能共擔責任也共享結果。

如果我們只顧著自己，卻不想扛起負責，那麼有再好的人才或機會，也難以得到良好的結果。

我們都知道，推卸責任容易，承擔責任困難，因而發現有人願意擔起重責，多數人都樂得推拱，樂得奉上「能者多勞」的美名，好讓自己少一點負擔，多一點輕鬆快樂的時光。

只是一切辛苦都由別人扛起，到了成功的果實結成時，難道我們不想分享品嚐果實的滋味嗎？

處世不要計較那麼多，好像第二則故事，屋子漏水了，最大的損失可不是房客，天花板不修，若是傷及房屋結構，最終還不是房東自己損失最大？

同樣的，流浪狗沖刷掉記錄，該有的動作不是氣惱流浪狗的攪局，而是立刻省思這記錄方法的缺點，然後想一個更周全謹慎的方法才是。

英國傳記作家斯末萊特曾在《藍登傳》裡這麼寫道：「要根據各種狀況，仔細選擇最為可行的方法。有時候，你必須把手上的石頭丟掉，但是，有時候你又必須把石頭撿回來。」

凡事多轉一轉，找出問題的癥結，不要固執地糾在某個結點上苦思計較，能把問題解決才是最重要的。

雖然我們不必刻意地一肩扛起責任，但至少要有一些分擔責任的勇氣，畢竟團體之事若能得一個好的結果，好處我們一定享用得到。

與其揣測，不如直接提問

有任何問題、困惑，就別浪費時間猜疑推測，直接把問題提出來，請對方給個明確的答案，才不至於浪費時間和生命。

街角立著一根又粗又大的電線桿，由於正巧矗立在轉角處，導致意外頻頻，有不少人未能及時察覺，閃避不及而喪命。

這天，有個婦女帶著兒子經過這個敏感的地方，忽然想起前幾天發生的意外，血肉模糊的影像深深印在她的腦海中，讓她不自覺地拉著兒子快步前進……

「媽媽，媽媽，妳看，那電線桿上有兩個人耶！」兒子被迫加快腳步的時候，忽然興奮地對著母親高呼！

婦人一聽，渾身打顫，頭也不回地用力拉著兒子的小手，再加快腳步前進，小聲地對著兒子說：「不要亂說話！」

第二天，這件事傳遍了整個社區，甚至連電視台都跑來採訪，有記者找到了小男孩，邀男孩重回現場，以便了解事實的真相。

夜晚時分，記者與小男孩一同站在那根電線桿下，記者問小男孩：「你是在這裡看見『兩個人』的嗎？」

小男孩點了點頭，然後滿臉困惑地對記者說：「對啊，你看，那兩個人不是還在那裡，難道你看不到嗎？」

記者一聽，連忙叫攝影機往上拍……

「哪裡？」真是讓人毛骨悚然的怪事，記者看了老半天還是沒看見，這下更加確定孩子具有特異的本事。

「那裡啊！明明就在那上面！你們看，那兩個人不就在那兒！」小男孩指著那兩個「人」的位置！

大家順著孩子手指的方向看去，才發現那兩個「人」的所在位置。那不是別的，正是「交通安全，人人有責」裡的「人人」啊！

這個故事呈現了孩子的天眞純粹，也嘲諷了大人和媒體的捕風捉影，跟孩子相比，顯得無知可笑。現代人看似文明進步，思考卻不見進展，對鬼怪神話的注意力竟高於交通安全。

人們總把心力浪費在一些無聊的擔心或煩惱上，就像下面凱利的暗嘲。

保羅在街上遇見凱利：「凱利，你匆匆忙忙要到哪裡去啊？」

凱利說：「我要去搭五點半的飛機。」

保羅看了看錶，笑著說：「現在才兩點半，還早得很，不用那麼緊張！」

凱利聽了，搖了搖頭說：「我知道時間還早，但是總有些人和你一樣，一看見我便問我準備到哪兒去，這些時間我也得把它算進去啊！」

如果是你，否是也會把那些回應時間算進去呢？如果是你，是否也會和那個記者一樣，專題製作電線桿上的「兩個人」問題呢？

都說時間不夠用了，就別再把時間浪費在不必要的煩惱上，也別再把心力浪費在鬼怪神說上。

既然時間不多，有任何問題、困惑，就別浪費時間猜疑推測，直接把問題提出來，請對方給個明確的答案，才不至於浪費時間和生命。

生命中還有許多值得我們探尋的未知知識，與其把心力耗費在沒有建樹性的事物上，不如用更充裕的時間和心力去追尋能改變自己與未來的目標吧！

教孩子把天分用在正當的地方

如果不想讓孩子輸在起跑點上，最好的方法是給他們一個健全且建康的心智，日後他們才懂得將自己的聰明機智用在正確的地方。

放學回家途中，有個調皮的小男孩看見河邊有一間流動廁所，居然心生歹念，想惡作劇尋開心，竟把那間廁所推進了河裡。

第二天，他再次經過那兒，卻不見廁所歸位，心裡一個轉念：「天哪，我昨天做了什麼好事？」

回到家中，男孩越想越不對，決定向爸爸坦白一切。

沒想到，父親聽完之後，當場狠狠地給了他一個巴掌。

男孩疼得眼淚猛掉，不服氣地問：「爸爸，你這樣怎麼對？當年華盛頓砍倒櫻桃樹之後，很誠實地向他爸爸承認，他爸爸不只沒罵他，還誇獎他誠實耶！我這麼誠實，你卻打我，這樣很不公平！」

「公平？兒子，華盛頓他老爸當時並沒有坐在櫻桃樹上啊！你懂不懂！」男孩父親氣憤地說。

看完這故事，想必引起不少大人們嘆息，孩子聰明本來是件好事，可偏偏許多孩子老是誤用了他們的天才，好像故事中的小男孩，對於他的誠實坦白，到底應該責罰還是給予肯定，還眞讓家長們煞費苦心。

我們再從另一組孩子的對話來思考，該怎麼面對孩子們的聰明。

教堂內正在舉行婚禮，教堂外有兩個調皮的孩子。

「真是無聊，我們來玩遊戲！」男孩問。

女孩說：「玩什麼好呢？」

男孩說：「和新郎開個玩笑吧！」

女孩不懂地問：「開玩笑？怎麼玩？」

男孩笑著回答說：「那還不簡單！只要走到他面前，然後大聲叫他爸爸，就有好戲可以看了！」

讓人莞爾一笑的對話，卻也讓人發現，聰明且悟性高的孩子確實比較靈活，想像力也比較活潑，說他們有小聰明，一點也沒錯，說他們想像力太過，試圖「矯正」，卻又顯得苛責，一旦強制壓抑孩子躍動的心思，對天分的發展是無益的。父母親的教育態度和智慧，此時便顯得非常重要了。

聰明的孩子是敏感的，大人們得多花點心思耐心教導，不只要讓他們知道這是不對的，還要讓他們知道「爲什麼」不對。

第一則故事中的父親，給了孩子狠狠的一個巴掌，看似解決了問題，其實根本沒有，特別是後來父親加的那個理由，雖然幽默有趣，但一個「因爲老爸我在上面」的理由只會讓孩子產生誤解！

告訴孩子此舉會造成「生命危險」，比起害得「我受傷了」來得更加重要，溝通不能這麼做的原因，也比立即揮掌處罰更有教育意義。

讓孩子們明白有些玩笑不能亂開，讓他們知道「錯在哪裡」，然後再給予適當的「處罰」，效果絕對比立即給孩子皮肉上的疼痛更能讓孩子們認眞省思，並下定決心不再犯錯！

親愛的爸爸媽媽們，如果不想讓孩子輸在起跑點上，最好的方法不是要他們到處學藝，而是給他們一個健全且建康的心智，日後他們才懂得將自己的聰明機智用在正確的地方。

先充實能力，再問機會在哪裡

老想著坐上成功寶座的人，先問自己到底能力累積充實了沒，又到底有什麼才能足以服眾後再說吧！

愛唱歌的哈利站在舞台上快樂歡唱，唱完之後十分興奮地回到座位，然後問朋友：「我剛剛唱得怎麼樣？」

朋友說點了點頭，說道：「唱得很好，不過……不唱更好。」

看見這則故事，不禁讓人想起小叮噹故事中的胖虎，五音不全的他很喜歡唱歌，更喜歡在大眾面前高歌，情況就好像故事中的哈利。

聽見朋友先褒後貶，想必讓哈利氣惱不已！但從另一個角度檢視，我們得說哈利是個沒有自知之明的人，正因爲檢視自己的能力不足，更要有勇氣面對人們批評，也更要省思人們的好心提醒，要是欠缺自知之明，卻又自大自負，只會讓自己一再遇上挫折，甚至一碰到難題便一蹶不起。

原因無他，這一類人很愛抱怨，他們只會埋怨懷才不遇，只會斥責環境不佳，卻從來不思考自己，更不知道要及時補強自己的不足，一如下面的約翰。

約翰大聲地對朋友說：「我底下有幾千名員工呢！」

朋友聽了，連忙向他道喜說：「哇，那你的職位一定很高囉？」

只見約翰從容不迫地說：「職位不是很高啦，只是座位挺高的！因為，我的辦公室在二十九樓。」

誇口自己的「位子」很高，看似自嘲，其實隱約間不難感受到約翰的不滿意。一個喜歡嘲弄自己工作地位的人，對於現狀總是懷著不滿的情緒，但是，不要輕忽了你我一時的情緒話，特別帶著嘲諷的玩笑話。

唯有正視自己的情緒感受，我們才能看清楚自己的需求，也唯有認眞檢視自己的心情感受，我們才能用正確的態度面對眼前的問題，時時低頭省思這些問題，我們才能眞正地找出問題的核心，順利解決問題。

人總是喜歡自命不凡，只是我們不能忘了，眞正有才能的人更懂得謙卑，因爲他們知道自己的聰明才智有限，若不適時低頭，就永遠看不見生命的智慧，也累積不了眞正的實力本事。

所以，想引吭高歌的人別急著當衆表現，先閉門認眞學習，好好地把五音不全的問題解決之後再出聲，不必等你開口要求讚美，觀衆們自然會在音樂結束時連聲叫「好」。

至於老想著坐上成功寶座的人，先問自己到底能力累積充實了沒，又到底有什麼才能足以服衆後再說吧！

輯8.

適時退讓，才不會兩敗俱傷

事無十全十美，沒有人能永遠勝利；

我們必須懂得取捨，

因為什麼都想要、什麼都強求的人，

往往最後什麼都得不到。

別被莫名其妙的小事情影響心情

當我們面對自大自誇之徒時，不妨試著跟他們一起嬉笑怒罵一番吧！可別因為莫名其妙的人影響了自己的好心情！

布威爾．李頓曾說：「與愚鈍的人在一起要說廢話；與無知的人在一起，要誇口；與睿智的人在一起要表現出很謙卑的樣子，並詢問他們的意見。」

喜歡自吹自擂是蠢蛋的特徵，對於他們的話題，如果你認認真真地對答，搞不好會被他氣死。最痛快的方法，當然是要拋卻常理，用唬弄壓過唬弄啦！

用幽默詼諧的方式看待人間百態，不僅能讓自己輕鬆愉快，更可以在風趣的言談中，輕而易舉地化解那些惱人的事情。

有一位德州佬到澳洲農場玩，農場主人很自豪地帶他參觀麥田。

只見這位德州佬態度高傲，囂張地對主人說：「我們德州最小的麥田都比你的大四倍！」

接著，農場主人又帶他看牛群，德州佬又囂張地誇口：「我們德州的羊還比你們的牛大一倍！」

不久之後，有一群袋鼠經過，這幅景象讓德州佬看得眼球都快要掉出來，一句話都說不出口。

這時，輪到農場主人囂張地說：「你們德州沒有這麼大的蚱蜢吧？」

有些人腦袋裡裝的東西，足以讓有「常識」的「正常人」瞠目結舌，不知如何應對；就像笑話中的德州佬，認爲自己家鄉的東西永遠最大最好，別的地方怎麼樣都比不上。

這種觀念既然已經形成，想要改變，可不是一朝一夕就能成功的，與其怒氣沖沖地爭辯，不如就像澳洲農場的主人「以毒攻毒」，就算氣不到他，也能讓自己一笑置之。

要用這種「跟什麼人說什麼話」的應對方式，當然也得看清楚說話的對象。就像布威爾所說的，若是面對智者，我們不但應該嚴肅以對，更應虛心求教。因爲在眞正有學問、有智識的人眼中，自大自誇根本是班門弄斧，反而什麼優點都學習不到。

不過，面對自大自誇之徒時，不妨省下跟他們爭論「事實」的精神，試著跟他們一起嬉笑怒罵一番吧！

可別因爲莫名其妙的人影響了自己的好心情！

小心用善意包裝的魔掌

如果不懂得在非常時期拿出非常的意志與冷靜，在意志不堅，亟待援手的時刻，很可能就會判斷失策，犯下更大的錯誤。

趁人之危、趁火打劫，可以說是最是卑劣的一種行爲。當一個人身遭大難的時候，不但不幫助他，反而還趁機落井下石，在他身上謀求剩餘的好處、僅存的利用價值，比起明刀明槍地去搶劫別人，更多了幾分卑鄙。

美國政治家富蘭克林就曾說：「惡行知道自己很醜陋，所以往往戴了假面具。」

因此，急需援助時，對於那些向你伸過來的「援手」，需要小心再小心，因爲，那可能是「魔掌」！

阿玲是一位村姑，從小就被人收養，一心想要尋找生父。可是，她只知道父親的名字，沒看過父親，茫茫人海要去哪裡找呢？

朋友告訴她可以利用電台廣播，可是費用非常貴。阿玲明知機會渺茫，還是坐了很久的車，從鄉下來到都市，前去電台找自己崇拜的男主持人幫忙。

主持人聽完她的故事，於是提出要和她交換條件，她也不管三七二十一，立刻答應主持人的要求。

主持人叫她在門口等一下，兩分鐘後，便光著身體叫她進來，並奸笑著說：「接下來，妳該知道怎麼做了吧！」

於是，阿玲立刻跑過去握著主持人的小弟弟，對著它大聲說：「爸爸！爸爸……聽得到我的聲音嗎？」

這位趁人之危的電台主持人，看到阿玲的舉動，大概也「軟」得差不多了吧！誰叫他這麼不安好心呢？

現實生活中，「趁人之危」是最常見的惡事之一。這是因爲受害者正面臨徬徨無助的窘境，這個時候只要有人提出條件施壓，通常無力拒絕，也無力反擊。對心懷不軌的人來說，還有比這更好、更不需本錢的生意嗎？

從另外一種角度來看，萬一我們遭遇不幸的時候，對於身邊伸來的「援手」，一定要特別詳加檢視。

我們無法得知，在這當中有多少人其實不安好心，嘴上說得很漂亮，其實包藏禍心，要你的錢、要你的人，甚至要你永遠不得翻身。如果不懂得在非常時期拿出非常的意志與冷靜，在意志不堅、情緒焦急、亟待援手的時刻，很可能就會判斷失策，犯下更大的錯誤。

適時退讓，才不會兩敗俱傷

事無十全十美，沒有人能永遠勝利；我們必須懂得取捨，因為什麼都想要、什麼都強求的人，往往最後什麼都得不到。

有句話說：「看透了得與失的人，才能獲得成功。」

什麼樣的「得」是眞正的獲得？如果事事都爭先好勝、什麼都想要抓在手裡、一次都不肯退讓，這樣的人最後能「得到」什麼？恐怕得了小利，卻反倒失去大益；得到了不重要的，卻把最重要的東西給輸掉了。

某天，小軒正在獵鴨子，好不容易射到一隻鴨子時，鴨子卻掉到隔壁小瑞的院子裡。

小軒爬過籬笆要撿他的獵物，但目睹一切的小瑞卻拿著獵槍大聲地說：「喂，看看這裡，鴨子是我的耶。」

小軒回答：「鴨子是我射到的，應該是我的。」

小瑞依舊堅持：「牠掉在我的地方，應該是我的。」

就這樣，他們一直爭論著鴨子的所有權歸屬。

過了一會兒，小瑞提出一個建議：「我們應該以傳統的方法來決定。」

小軒問：「什麼是傳統的方法呢？」

小瑞解釋：「首先，我踢你的老二，然後你再踢我的老二，像這樣互相對踢，直到一方認輸，贏的人就可以得到鴨子。」

願意做任何事換回鴨子的小軒，二話不說，便同意了這項競賽。

只見小瑞把腿往後伸直，使盡吃奶的力量往小軒的老二狠狠一踢。

痛不欲生的小軒頓時倒地呻吟哀嚎。過了十分鐘之後，他終於站起來，沙啞地說：「現在換我了。」

沒想到小瑞卻笑著說：「喔，我認輸，鴨子是你的了，你拿走吧！」

顯然，小瑞並不是眞的那麼想要那頭鴨子，不過是看準了小軒爭強要勝的心態來佔他便宜。

而小軒卻爲了一頭鴨子寧願被狠踹要害，這是値得？還是不値得？

對我們而言，什麼是最重要的？

這個問題的答案多半因人而異，家庭、親情與愛情、金錢與地位、富足的生活、權勢；或者是工作、宗教、信仰、自我滿足、成就感……等，這些都可能成爲答案。然而事無十全十美，沒有人能永遠勝利，我們必須懂得取捨，因爲什麼都想要、什麼都強求的人，往往最後什麼都得不到。

懂得在適當的時候退讓，才是最聰明的人。一個人若不知道什麼時候該把手張開向天，握緊的拳頭裡通常抓不住多少沙子，到頭來，什麼都留不住。

用行動證明自己的實力

還是想清楚自己應該把精神用在什麼地方，做好自己的本分，只要用最後的成果證明自己，那就足夠了！

激勵作家奧里森．馬汀曾經這麼說：「一笑置之，通常是讓煩惱不會在你內心滋長的最有效良方。」

讓我們感到悶悶不樂、不舒服的，通常都源於別人的異樣眼光和竊竊私語，但仔細想想，我們爲什麼要隨著別人的節拍起舞？最好的方法，當然就是用幽默的心情一笑置之。

人言可畏，我們不能逼著別人說我們想聽的話、照我們想要的意思做，如果確信自己是對的，那麼對於不懂的人與嫉妒的人所說的話，就不須句句當眞、句句爭辯，否則，只是徒然浪費時間精力而已。

這是一名新兵的回憶錄：

剛踏上成功嶺時，班長對我們很兇，記得第一天晚上洗澡的時候，那個澡堂完全沒有隔間，中間有三個裝水的水池，班長想要給我們來個下馬威，便叫我們聽口令分解動作。

記得他的第一個口令是「把衣服脫掉」，第一次裸身面對他人的我們此時好不尷尬，有的用臉盆、有的用毛巾，有的用手，厲害的則用腿夾，想藉此遮掩「重要部位」。

這時，怒氣沖沖的班長下了聲立正的口令，劈哩啪啦一陣東西摔落聲頓時響起。班長開始憤怒地訓起話來，大家也開始用眼睛餘光偷瞄別人。

可能有人的「東西」長得比較奇怪，竟然有一位新兵忍不住偷笑起來，班長於是罰他繞著水池跑二十圈。

有位新兵覺得班長實在太過分了，當受罰者跑過面前的時候，就對他說：「不要甩他啦！」

跑步的人聽到之後頓時勃然大怒，大聲地說：「你跑跑看，看你有沒有辦法叫『它』不要甩！」

當然啦，此「甩」非彼「甩」，就物理學的角度來看，要讓「它」在自然的狀態下不甩，是不太可能的。不過，有些情況之下，爲了我們自己的心理健康著想，有些人、有些話，還是「不甩」爲宜呢！

義大利文學家但丁曾說：「人家的竊竊私語與你何干？讓人家去說長道短，要像一座卓立的塔，絕不因為暴風而傾斜。」

想要討周遭所有人歡心的人，往往無法得到任何一個人的歡心；想要讓世人都喜愛自己的人，常常讓自己失去所有人的喜愛。

如果我們學不會「不甩」的灑脫，事事都想得到每個人的讚賞，不但做起事來事倍功半，更可能讓我們自毀長城。

要成就大事，需要有自己的堅持，有所爲、有所不爲，在某些時刻，要懂得拋開別人對自己的看法，不要想得到所有人的誇讚，因爲這是不可能的。甚至需有「橫眉冷對千夫指」的勇氣，才能開拓出屬於自己的一條路。

再說，嘴巴長在別人身上，人家的竊竊私語與我們何干？還是想清楚自己應該把精神用在什麼地方，該「不甩」的時候，就不要理會別人，做好自己的本分，只要用最後的成果證明自己，那就足夠了！

死不認錯，只會一錯再錯

做人做事輕鬆一點，何必讓自己的防護心過剩？一個人會維護自己是理所當然，但並不需要為了無謂的自尊，連是非曲直都扭曲了。

俄國文學家托爾斯泰曾說：「只有什麼事也不幹的人，才不至於犯錯誤，雖然這恰好是他最基本的錯誤。」

人只要做事，就不可能不犯錯，不論是在學校裡還是學校外，每個人絕對都有「犯錯的權利」。因此，大可不必把犯錯與尊嚴、品德輕易地畫上等號，弄得這麼嚴肅，到最後吃虧的還不是自己？

督學到某校視察，看見教室裡有個地球儀，便問學童甲：「你說說看，這地球儀為何傾斜二十三度半？」

學童甲非常驚恐，答道：「不是我弄的。」

此時，學童乙走進教室。

督學便問學童乙：「你說說看，這地球儀為何傾斜二十三度半？」

學童乙緊張地答道：「我剛進來，什麼也不知道。」

督學疑惑地問教師這是怎麼一回事。教師滿懷歉意地說：「這不能怪他們，地球儀買來時，就已經是這樣子了。」

校長見督學臉色越來越難看，連忙趨前解釋。

「說來慚愧，」校長陪笑道：「因為經費有限，我們買的是山寨貨。」

關於現在的年輕一輩在「學習」與「學習之外」的行爲與心理，一位老師說了一段讓人印象深刻的話：「我覺得現在的孩子自我保護的心態都很重，只要稍微指出他們哪裡好像做得不對，不論是學習上或是行爲上的，他們的反應都會很大，覺得：『這不是我的錯！』並認爲你侮辱了他。」

果眞如此的話，那麼這個故事就具有相當的啓發性了。爲什麼大家會把別人對自己錯誤的指正看得那麼嚴重，甚至跟人格、尊嚴扯上關係呢？一味否認的後果，往往是犯錯的人不知道自己究竟「錯在哪裡」，不知錯、不認錯，又能夠談什麼「改過」呢？

相信對於絕大多數的雇主與老師來說，並不是要一個「永不犯錯」、「死不認錯」的員工或學生，而寧願看到一個能在錯誤中學習，在錯誤中成長的人。因爲唯有這種人能夠不停改正自己，在人格上也比較健全、有彈性。

做人做事輕鬆一點，何必讓自己的防護心過剩呢？犯錯又有什麼關係？一個人會維護自己是理所當然，但並不需要爲了無謂的自尊，連是非曲直都扭曲了。這樣一錯再錯、死鴨子嘴硬，賠上的不但是自己的名譽，更是自己的理智與良心。

說錯話的傷害難以彌補

說話不比寫字，寫錯了、後悔了還可以用立可白塗掉，別人已經聽進耳朵、記在腦海的話，又要用什麼方式消抹掉呢？

《聖經》上有一句話說：「多言多語難免犯罪，約束嘴巴便是智慧。」

這話確實十分有道理。因爲，嘴上所說的話，不論是非黑白，總是代表了自己的內心想法，別人也會拿這些話來評斷我們是深思熟慮或不經大腦？是知所進退抑或不懂得人情世事？

某公司中午休息時間。

一位女同事因為座位的地板被人濺到水，感到很生氣，於是忍不住大聲嚷嚷：

「誰把我下面弄溼了！」

話剛說完，現場立即鴉雀無聲，隨即女同事紅著臉低下頭，不敢再說話。

再看看另一則關於說錯話的有趣故事。

小華的爸爸很怕小偷，因此他們家裡的房門都是鋼製的。

某個冬天，眾家親友齊聚小華家聊天喝茶，忽然北風呼呼吹起，陣陣冷風從小華房間的窗戶吹進了客廳。

怕冷的媽媽看到小華的房門沒關，於是告訴小華說：「妹妹，妳把妳那個『鋼門』關起來好嗎？好冷喔！」

只見小華遲疑地問道：「媽……怎麼關啊？」

相信故事中的女同事與小華家的媽媽，應該會想找個地洞鑽進去吧！如果能有再一次的機會，相信她們應該會把那兩句話活生生地吞回肚子裡。

但最糟糕的是，不管是有心還是無意，說出口的話就好像潑出去的水，再怎麼樣也收不回來了。

重視自己說的話，是要讓別人能重視你的最基本要求。

如果一個人說話總是沒有經過思考便出口，以至於不小心傷了別人，甚至於傷了自己，都是很不智的舉動。「年輕」、「不懂事」、「一時失言」也許能成爲你的藉口，但是說話不比寫字，寫錯了、後悔了還可以用立可白塗掉，別人已經聽進耳朵、記在腦海的話，又要用什麼方式消抹掉呢？

覆水難收，出言則更難收回，事後再用十句、百句話來彌補，恐怕很多時候都已經於事無補了。我們所能做的，也就是在話說出口前更加小心罷了！

懂得分享，快樂才會加倍成長

「快樂」與金錢不一樣的地方就在於，我們不必是百萬富翁，也能夠把「快樂」帶給別人，與他人分享！

「一笑煩惱跑，二笑怨憎消，三笑憾事了，四笑病魔逃，五笑永不老，六笑樂逍遙，時常開口笑，壽比老彭高。」不曉得你有沒有聽過這個順口溜？

我們都知道，「笑」是一種神奇的魔藥，每天開懷大笑，可以讓自己更加健康。如果一個人能保持輕鬆愉快的心情，時時笑口常開的話，那麼他的生活一定也是充滿愉悅的。

某天，正巧是丈夫的生日，當日早上，老婆問老公說：「今天是你的生日，晚上你希望吃什麼菜呢？」

丈夫因為要趕著上班，匆忙之下便回答「我要吃妳」，便離開家了。

當晚丈夫回到家中，一打開大門，卻看見餐桌上只點著浪漫的粉色蠟燭，不見豐富的晚餐。

轉身一看，老婆竟然光著身子，在客廳跑來跑去。

丈夫驚訝地問道：「妳怎麼沒煮飯，還脫光光跑來跑去呢？」

只聽見老婆很羞澀地說：「你不是要吃我嗎？我正在替你熱菜呀！」

面對愛妻可愛的舉動，故事中的丈夫即使在公司遇上了什麼不順遂，想必此刻一定也已經把那些不愉快給拋到腦後了吧！

我們是不是能像故事裡這位可愛的太太一樣，除了讓自己開心之外，也扮演起把歡樂帶給別人的角色呢？

亞瑟．赫爾普斯曾說：「許多人知道如何享樂，卻不知自己從何時起已不再向別人提供歡樂。」

是呀，我們有多久沒有帶給身旁的人快樂，沒有帶給身旁的人歡笑？懂得自己享樂不難，但要把快樂帶給別人，卻是很多人遺忘已久的一項能力。

世人都說「富而好施」的財主難能可貴，因爲他們不但有錢，還不忘把自己的財富分給需要的人，這是慷慨而仁慈的；「快樂」與金錢不一樣的地方就在於，我們不必是百萬富翁，也能夠把「快樂」帶給別人，與他人分享！

散播快樂一點都不難，就看我們有沒有心去做；只要一句話、一個舉動，都足以讓別人開心、讓別人高興。問問自己，願不願意從現在起，用點心思，讓身旁的人每天都快樂一下呢？

人生的答案要靠自己尋找

別人的答案，永遠只能做為參考用。不論他人說得再怎麼精闢、有理，「我」才是唯一有資格定義自己的人。

瑞士心理分析家榮格曾說：「某一個人感覺合腳的鞋，卻會夾痛另一個人的腳；適用於一切病症的生活處方並不存在。」

世上並不存在著百分之百準確的標準答案，也沒有完全適合所有人走的道路，別人爲我們安排的道路，或是爲我們籌謀的計劃，未必就是唯一的、最適合我們的人生旅程。

一個全副武裝的老牛仔到大都市裡辦事，晚上辦完事，便到酒吧喝酒。此時一位美女走入，坐在他旁邊。

不久，她轉過頭來問：「你真的是牛仔嗎？」

老牛仔回答說：「我一生中一直忙於帶領牛群，馴服馬，修圍牆，我想妳可以稱呼我為牛仔。」

過了一下子，牛仔反問：「妳呢？小姐。」

美女這麼回答：「我從未去過牧場，我當然不是一個女牛仔，我是『蕾絲邊』（女同性戀者）。」

停了一會兒，她繼續說道：「我一生中一直忙著想女人，由早上起床後開始，在吃飯時，淋浴時，看電視時，睡覺做夢時，我時時刻刻都在想女人。」

不久，美女離開了，一對老夫婦進入酒吧，坐在老牛仔旁邊。幾分鐘後，老夫婦轉過頭來問這位老牛仔：「先生，看你的打扮，你真的是一位牛仔嗎？」

老牛仔嘆了口氣，緩緩地說：「我一直以為我是，但是我剛剛才知道，原來我是『蕾絲邊』。」

這位牛仔實在可愛，不過，他大概不知道，並不是只要整天想著女人的人都叫做「蕾絲邊」，要不然，全天下大概有一半的人類都是女同志了！

古往今來，無論何種民族、哪個國家，不論是愚昧的人或是聰明人，不論是聖賢或是凡人，在每個人的生命中，總會出現這個疑問：我到底是誰？我在這世上做什麼？

驍勇善戰的將軍會問，功績蓋世的霸主會問，學貫古今的哲人會問，引車賣漿、每日爲生活奔走的升斗小民也會問。

然而，這個疑問卻只有我們自己能夠回答。

別人的答案，永遠只能做爲參考用。不論他人說得再怎麼精闢、有理，不論他們如何寫下密密麻麻的長篇大論，述說自己的故事、闡揚他們的理念，我們還是必須看清楚：「我」才是唯一有資格定義自己的人。

別人眼中的我們、別人界定的我們，並不能決定我們如何看待自己，只有自己才能爲自己解答。

想要找到問題的答案，只有靠自己費心尋找。畢竟這是我們自己的人生，這是我們自己的決定。

太過鐵齒，只會換得悽慘的下場

即便我們沒有特異功能，也不能夠未卜先知，可是有些光猜就能猜到的事，還是不要「鐵齒」地賭它不會發生吧！

奧地利作家茨威格曾說：「頭腦和心靈最忌空虛，一空虛就會盲目，就會看不見危險，做出種種讓人訝異不已的荒唐事情。」

從現實層面來說，頭腦和心靈空虛的兩大特徵是：見到誘惑就口水直流，見到美眉就忘了自己是誰。

在宴會上，哈比多喝了幾杯，有些醉了，於是大起膽子，開始和彈鋼琴的性感女郎調情。

這時，他的妻子走了過來，並對他說：「回家後，別忘了提醒我為你青腫的眼睛準備些藥膏。」

「可是，我的眼睛並沒有青腫啊？」哈比不解地問。

「我們不是還沒到家嗎？」妻子冷笑著說。

相信很多人都有這樣的經驗：很少帶違禁品去學校的你，應同學之請，把心愛的漫畫書帶去學校，結果剛好那天老師檢查書包；一向都還算守交通規則的你，爲了趕時間，心存僥倖地闖了一個紅燈，就剛好有位警察伯伯等在那裡；平常做事循規蹈矩的你，有一天心煩氣躁，「不小心」偷溜出去喝了一杯咖啡，剛好老闆進辦公室來查勤……

早知如此，我就不那樣做了！

後悔不迭的你，一定在心裡千百遍地如此呼喊。可是，世間的事情就是那麼巧，如果你這麼怕被逮，最好的辦法就是：一開始就不要那麼做！

就好像明知道這堂課老師很愛點名，還敢翹課不上的人，該說他是有勇氣敢賭呢？還是個單純的傻瓜？

恐怕是二者都有，而以後者的成分居多吧！

笑話裡的哈比豈會不知道在老婆面前跟性感美女眉來眼去，會有很糟糕的下場？結果他還是做了，就算我們不是「鐵卜神算」，也能猜到他回家後必定會被老婆教訓一頓，這只不過是「常理之必然」罷了。

即便我們沒有特異功能，也不能夠未卜先知，可是有些光猜就能猜到的事，還是不要「鐵齒」地賭它不會發生吧！

輯 9.

過度陶醉，就會忘了自己是誰

逃避責任的享樂，其實是空虛而短暫的，

最終它會帶來的痛苦，絕對遠在快樂之上。

有實力，也要有表達能力

別急著否定「嘴巴說十分，手下卻只做三分」者的嘴上功夫，每個人都有值得我們學習之處。

德國詩人海涅曾說：「語言可以把死人從墓中叫出來，也能把活人埋入地下；可以使侏儒變成巨人，也能將巨人徹底打倒。」

這話確實道出了「語言」的神奇功效。

因此，如果你自認是一個苦幹實幹、卻不善言詞的人，或許有必要聽聽那些「會說話的人」怎麼說話，慢慢學習推銷自己。

一名美麗的埃及女間諜從敵國以色列返國後，到開羅司令部報到。

她進入將軍的辦公室，報告說：「將軍，這次行動收穫十分豐富！我拿到戴陽將軍最新的攻擊計劃。」

她一面說一面取出一份文件：「請看，這一份計劃是從他的辦公桌上偷來的。不但如此，我還俘虜了他的兒子……」

「太棒了！」埃及將軍大喊：「在哪裡？我們馬上審問他。」

「不行！」女間諜說：「還要再等十個月。」

顯然，這位女間諜俘虜的「兒子」，不在別處，就在她的肚子裡！

她不說「我不但跟敵人上床，而且還懷了他的孩子」，而是說「我把他的兒子俘虜了」，眞不知道埃及將軍面對這種說詞，是該哭還是該笑？

自己犯了錯，卻能夠說成大功勞一件；從這個笑話看得出來，語言的威力妙用，實在讓人想像不到。

說到這裡，或許有人會覺得世界一點都不公平！有些人生來就會說話，有一些人卻生來就口舌笨拙。其實，許多事都能透過後天努力成就，前一陣子不是有一則令人稱奇的新聞嗎？

一位原本因自閉症而想自殺的年輕人，卻在機緣巧合之下改變了想法，開始鍛鍊自己的口才，經過幾年的時間，他成了全亞洲知名的推銷大師，整天到處演講，行程滿檔。如此的轉變，恐怕當初誰也想像不到吧！

別急著否定「嘴巴說十分，手下卻只做三分」者的嘴上功夫，每個人都有值得我們學習之處。更何況，如果你能做到有八分實力，說八分話，成就必然勝過那些十分努力，卻連兩三分話都不懂得說的人，也絕對勝過那些「只說話不做事」的投機者，不是嗎？

過度陶醉，就會忘了自己是誰

不要總是過度陶醉，甚至忘了自己是誰！逃避責任的享樂，其實是空虛而短暫的，最終它帶來的痛苦，絕對遠在快樂之上。

古羅馬作家西魯斯曾說：「當你不光明地尋歡作樂時，恐懼多於歡欣。」確實如此，無論做什事，千萬不要忘了自己的身分與角色，就算有什麼欲求，也得先完成眼前的責任再說。否則，不只得不到快樂，反而還會讓自己陷入無盡的痛苦深淵之中。

老闆和小維講話的時候，年輕貌美的新同事剛好走過來。老闆看得差點流口水，色瞇瞇地望著她，目送她離開之後才說：「我的天！這小妞真迷人！」

此時，小維卻說：「只可惜，已經有五個孩子了。」

老闆不敢置信地叫道：「真的嗎？居然有這麼年輕的媽媽！」

小維說：「我是說你！」

小維這盆冷水潑得還眞是時候，聽完他的話之後，老闆的熱情之火大概頓時之間就會熄了一大半了。

當然，五個孩子的爸不是沒有享受春天的權利，只是，人可不要總是過度陶醉，甚至忘了自己是誰！

由暢銷小說改編成的日本電影〈失樂園〉，幾年前曾經造成很大的轟動；故事中的男女主角都已經各自有配偶，卻發生了外遇，沉溺在彼此之間愛與性的歡愉當中無法自拔，最後只能用自殺殉情收場，實在令人不勝唏噓。

當然，人人都有追求幸福與自由的權利，就算已經有了一些非負不可的責任，也不表示沒有重新選擇的權利，不表示必須硬把自己的下半生耗在無法感受到快樂的關係當中。

　　但是，如果只顧慮到自己，只關心自己的感受，卻總是忽略身旁的人是否幸福快樂，也不願意把自己應該擔負的責任肩負起來，這難道不是一種逃避？這樣的自私，眞的能帶給人眞正的喜樂？

　　想要追求快樂，一定要追求能夠光明正大享受的快樂，逃避責任的享樂，其實是空虛而短暫的，最終它帶來的痛苦，絕對遠在快樂之上。

傷人的真話，能讓人認清自己

世上最糟的事，莫過於「不自知」。真心話也許傷人，但也提供我們一個更能看清楚自己的機會。

一瞬間脫口而出、不假思索的眞心話往往最傷人，因爲我們知道那通常是內心最直接的語言。沒有挖苦、沒有僞善，所有的「故意」都不存在，它傳達的是一個人最眞實的反應與想法。

正因爲如此，這種單純而直接的言語才具有這麼大的力量。所以，每當我們說話的時候，千萬別忽略了這一點。

幼稚園的老師在黑板上畫了一個蘋果，笑瞇瞇地問小朋友：「誰知道老師畫的是什麼？」

小朋友們紛紛回答：「屁股！」「哈哈，是屁股！」「屁股啦！」

老師覺得很生氣，再次大聲問道：「你們再仔細看看。」

「屁股。」小朋友異口同聲回答。

老師忍不住被氣哭了！園長知道了之後，趕緊來到教室對小朋友訓話：「你們怎麼把老師氣哭了呢？」

接著，他一轉身看到黑板，大怒道：「誰？這是誰畫的！是誰在黑板上畫了個屁股欺負老師？」

小朋友可能故意調皮搗蛋、跟老師作對，但氣沖沖進來維護老師的園長，竟然也把「蘋果」看成「屁股」！換成你是這位老師，又會怎麼反應呢？

如果你也曾經被眞心話所傷，不妨試著用另一種角度看待，讓自己釋懷。因爲眞心話雖然最傷人，可是畢竟是誠懇無欺的，你反而應該爲自己能夠聽見眞心話感到欣慰呢！

若是大家都覺得我們畫的蘋果像屁股，那麼我們就應該好好努力，加強自己的畫技。這樣一來，以後再畫蘋果時，便能夠確定：這蘋果是眞的像蘋果，絕不會有人在心裡偷笑。

世上最糟的事，莫過於「不自知」。

別人也許會爲了討好我們、巴結我們，不把我們的缺點與不足明白指出；眞心話或許傷人，但同時也提供我們一個更能看清楚自己的機會。

如果能夠抓住這個機會，讓自己更進步、做得更好，那不也十分値得我們抹乾眼淚、重新振作再出發嗎？

凡事多觀察，才不會淪為大傻瓜

聰明人能從「傾聽」與「觀察」中發現應該怎麼說話行動，才對自己最有利；也能藉由盱衡局勢，及早發現錯誤，加以改正。

歐洲有句諺語這麼說：「絲毫不傾聽、不注意別人話語的人，頭上彷彿戴上了愚蠢的標誌。」

確實如此，傻瓜往往喜歡說，聰明人卻反而喜歡聽。不但如此，越是聰明的人，還越懂得觀察別人，並從一舉一動、一言一行當中推測對方的心情，以及對方的想法。

從前有個獵人在森林裡遇到一隻白色大象，正舉槍要打死牠時，沒想到那隻大象卻開口說話了：「你不要殺我！我可以給你一個願望！」

獵人於是說：「那……我的願望是……我的要和你的一樣大！」

從此之後，獵人的身邊總是圍繞著許多女人。

大牛對獵人的轉變感到很好奇，於是跑去問他，獵人便一五一十地將事情的始末告訴了大牛。

大牛決定也要如法炮製。到了相同的地點之後，他同樣幸運地遇到一隻白色的大象，便迫不及待地對牠說出自己的願望：「我的要比你的大！」

只見一陣煙霧後，大牛就裂成兩半死掉了！

原來，那隻大象是母的。

大牛的確很倒楣，不過這件事大概有百分之八十都得怪他自己，被貪慾沖昏了頭，太不小心才會犯下這種大錯！難道他不是應該在「如法炮製」之前，先注意一下大象的性別，甚至是牠說話的腔調嗎？

聰明人能從「傾聽」與「觀察」當中發現應該怎麼說話、怎麼行動，才是對自己最好、最有利的；聰明人也能藉由盱衡局勢，及早發現自己的錯誤，加以改正。愚昧的人就不是這樣了。當一個人只顧著滔滔不絕地說著自己的事，還有多少精力察知別人的想法？旁人對他是贊成還是反對？旁人對他是做戲還是以誠相待？更別提看到身旁的危險與錯誤了！

正是因爲如此，莽莽撞撞，不顧他人、也不顧周遭局勢的人，才會這麼容易犯下錯事。更可怕的是，連自己怎麼死的都不知道。

所以，不只要做一個有眼睛的人，更要做一個有耳朵的人。仔細用眼睛看、用耳朵聽，不要當個把眼、耳當做裝飾品的傻子；因爲不明就裡，可是很容易讓人犯下大錯的！

多觀察，才能看清真相

我們必須用心觀察身邊各種事物，發現它的問題究竟是「常態」，或真的只是「巧合」。

世界上「碰巧」的事很多，因此，決定大事時絕對不能只單憑一次的印象就妄然下定論，否則一旦事情結果不如想像，後悔可就來不及了。

試想，若你準備購買房子，會只看一次就決定嗎？若你與交往對象不過認識一個月，會貿然決定結婚嗎？

不管會或不會，結局都會證明你的眼光。但是如果可以的話，不妨多觀察一下再下定論吧！

某甲死後下地獄，小鬼領著他挑牢房。

第一間是一群男男女女被泡在滾水裡，個個被燙得皮開肉綻，甲見這般慘狀，死也不進這間。

第二間也好不到哪裡去，裡頭的人都被野獸咬得頭腳分家，甲看到了這景象，當然還是不肯。

於是，他們又來到第三間，裡頭有一群人泡在水深及腰的糞池裡喝茶。

雖然有點臭，但甲覺得這種狀況倒還可以接受，於是就跟小鬼說：「那我選這間吧。」說完便自顧自地走進去了。

哪知，不一會兒，小鬼走了進來，宣佈：「各位，下午茶時間結束了，請恢復倒立的姿勢。」

你說，某甲怎麼會那麼倒楣，好死不死就在下午茶時間參觀地獄套房呢？但偏偏世間就是這麼湊巧，這種「好死不死」的事情還真是不少。

想想，你是不是曾經「好死不死」，在最不能遲到的日子睡過頭？或是工廠趕著交貨的時候剛好機器故障？又或者原本跟朋友約定了難得的假期，公司卻決定選在那天召開幹部訓練會議？

正所謂「無巧不成書」，也正因爲有這麼多的巧合，才會造成許多誤會發生。不過，一兩次的意外我們可以稱之爲巧合，但若是次次都如此，那麼就不能算是「碰巧」，而是「常態」了。

因此，我們必須用心觀察身邊各種事物，發現它的問題究竟是「常態」，或眞的只是「巧合」，才能夠最接近它眞實的樣貌。尤其面對重大決定的時候，更是不能抱著「應該不會這麼巧」的心態。

只看表象，往往得不到真相

如果只看到「現在」，不去審視一個事件或人物或既定事實的「過去」，是很難得到事實的真相。

其實，世間有很多事都不像表面那麼簡單。「表面看來」怎麼樣，並不能當做判斷的標準。若是我們只針對眼前的情形驟下判斷，認為這個好，那個不好，或是把功過歸於某人某事，難保不會犯下致命的錯誤。

有個人在某地患了病，必須去看醫生。但是那裡的醫療技術落後，於是他先找當地人了解哪位醫生醫術高明。

當地人說：「我們這裡有個不成文規定，哪個醫生看死一個病人，就得在他的診所裡放一顆氣球。」

這個人便開始尋找，卻看見有間診所裡放了二十顆氣球，另一間則放了三十顆，他越看越害怕，只好繼續找。

最後，終於讓他找到一家只放十顆氣球的診所。

沒想到，當他進入診療室時，只聽見醫生對他說：「到後面去排隊！我今天才開診，實在太忙了。」

才剛開幕就累積十顆氣球？相信到最後，故事裡的老兄還是會選擇那些掛有二三十顆氣球的診所吧！

搞不好他們開了大半輩子只累積了這些氣球，就或然率來說，選擇這些「表面」看起來氣球比較多的診所，「中獎」的機會應該是低多了。

歷史是一連串由複數的人、連續的事件構成的，歲月的流逝則是它的縱軸，我們如果只看到「現在」，卻不去回顧「過去」，那麼我們可能會錯把表象當成眞相，犯下判斷的錯誤。

不把時間因素考慮在內，不去審視事件、人物或既定事實的「過去」，是很難得到事實眞相的。

每個人都喜歡簡單的答案，喜歡快速方便的解答，卻往往忽略了這種「單純」的危險性。

若是只把「氣球數」當做判斷診所醫術的唯一標準，這個選擇的確很容易，可是它的正確性又如何呢？要是故事裡的老兄不明就裡地去就醫，卻成了那家診所的第十一顆氣球，這恐怕怨不得別人吧！

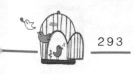

沒說出口，不等於不知道

「睜一眼閉一眼」，不但可以為我們省去許多的摩擦與衝突，也能潤滑我們與他人間的人際關係。

詩人薩克雷曾經說過：「可以這麼說，詼諧幽默是人們在處理人際關係時，所穿的最漂亮的服飾。」

確實如此，幽默的話語不僅可以潤滑你的人際關係，也可以化解尷尬或對立的氣氛，讓你處世更加具有競爭力。

某甲偕同妻子到丈人家祝壽，卻喝得酩酊大醉，睡到深夜仍不醒。

小姨子偶然經過客房，見姐夫頭垂在床邊，害怕他跌下來，便把姐夫的頭挪到枕上。挪動的時候，某甲突然驚醒，醉眼模糊，把小姨子錯認為妻子，拉著衣服要求做愛，小姨子倉皇逃去。

天亮之後，小姨子在堂下遇上姐夫，臉上暈紅，於是吟詩一首：「好意扶上床，緣何牽我裳？若非憐你醉，定必訴高堂。」

甲聽了之後作一長揖，也吟道：「姐妹花相似，模糊認不清。今朝還一禮，當面剖分明。」

這時某甲的妻子正好在窗下，聽了兩人的對話之後也跟著吟道：「爛醉由他醉，睡夢妹扶持，其中情既幻，莫謂姐無知。」

中國人說的「睜一隻眼閉一隻眼」是一個很妙的譬喻，相較於一板一眼、非黑即白的邏輯，「睜一眼閉一眼」可說是一種圓融處世的方法，在什麼時候用、用在什麼人身上，更是一門關係到人情世事的學問。

《菜根譚》當中有這樣一段話：「持身不可太皎潔，一切污辱垢穢要茹那得；與人不可太分明，一切善惡賢愚要包容得。」

這是教我們不必對事太過計較、對他人太過要求，換句話說，能「睜一眼閉一眼」，不必點破的事就讓它保持原貌，不但可以為我們省去許多的摩擦與衝突，也能潤滑我們與他人間的人際關係。

知道進退的人，只要對方稍微一提點就會明白，至於那些做事沒有分寸的人，卻未必知道其中的道理，總以為別人不知道、不敢挑明了講，因而越來越囂張跋扈，最後把事情越鬧越大，這就絕對不是明智之舉了！

得意之前，要先搞清楚狀況

有些人總是「自我感覺比較良好」，對自己的「能力」特別有自信，然而，這樣的自信卻容易帶來盲點。

自信不是錯的，得意也沒什麼不對。

不過，如果還沒搞清楚狀況就先洋洋得意起來，等到發現事實並非自己想像的那樣的時候，常常會後悔莫及！

如果你一直「自我感覺良好」，那麼，別懷疑，出糗的人一定是你。

小明很為自己的「那方面」能力驕傲，為了證明自己的英勇能幹，於是他隻身來到泰國。第一天，他狠狠玩了一個大美人，只見她一直不停地叫：「阿魯巴……阿魯巴……」

第二天小明更得意了，深深為昨日戰績雀躍不已，更用心更用力在泰國妹身上衝刺，奇怪的是，今天這位女子也不斷地喊著：「阿魯巴、阿魯巴！」

第三天，小明到高爾夫球場打球，只見他精神貫注，猛力一揮，球遠遠飛出。這時，只聽見球僮老遠就喊著：「阿魯巴……阿魯巴……」

小明忍不住好奇地問：「什麼是阿魯巴？是不是有什麼特別的意思？」

旁人熱心地回答說：「哦，『阿魯巴』，就是我們泰語的『進錯洞』！」

小明以爲「阿魯巴」是什麼？那些小姐又喊「阿魯巴」做什麼？其中奧妙，這下都解開啦！

有些人總是「自我感覺比較良好」，就像故事中的小明一樣，對自己的「能力」特別有自信，然而，這樣的自信卻容易帶來盲點。

過分自信會帶來什麼盲點？

人在這樣的情況下常常會犯下「自以爲是」的毛病，一旦犯了這毛病，就會少了必要的謙虛與謹慎。就像開頭的故事裡，如果小明在第一夜就先問清楚「阿魯巴」的意思，就不會一再搞錯地方了。

美國政治家富蘭克林說過這樣一句話：「對不謙虛的話語只能有這個辯解：缺少謙虛就是缺少見識。」

好一句「缺少謙虛就是缺少見識」！我們對這個世界的了解實在太少、太有限了，即使窮盡一生的時間與精神，也無法掌握所有奧秘。越能清楚意識到這一點的人，就越會謙虛、謹慎地面對所有未知的事與物。

輯10.

用智慧看穿他人的惡意

智慧是一種不受他人影響，
能夠獨立思考的能力；唯有帶著智慧，
我們才能看清楚黑暗中的陰影。

用智慧看穿他人的惡意

智慧是一種不受他人影響、能夠獨立思考的能力；唯有帶著智慧，我們才能看清楚黑暗中的陰影。

很多時候，許多「不懷好意」的想法，會以「說服」的面貌出現，企圖灌輸我們某種想法與某種價值觀，一旦沒有思考清楚便貿然接受，就會掉進它的陷阱當中而不自覺！

話說，在二十世紀中期的某一天，有一位妻子正津津有味地念報上的一則新聞：

「由於越來越多的婦女崇尚新式的簡易服裝，例如超短裙和工作短褲，所以街上的交通事故，據統計已經減少了一半。」

這時，正在旁邊看電視的丈夫冷不防插了一句：「那麼為什麼不想辦法徹底杜絕交通事故呢？」

這位丈夫的言下之意就是，既然衣服少穿一半，就可以讓交通事故減半，那婦女們乾脆都不要穿衣服，不就可以讓交通事故化零了嗎？

當然囉，世上絕對不會有這種事，不過，仔細一想，當我們面對類似這樣的奇怪邏輯時，是否也具有指出錯誤何在，並理解背後「企圖」的能力呢？

只要冷靜觀察，我們就能發現：世上具有高度影響力的人，不論是好是壞，是智者或是惡徒，必定希望群眾相信他們的那一套邏輯思維。

因爲越多人「相信那一套」，他的力量才會越大。

善是如此，惡更是如此。

有句諺語說：「智慧是一把劍，它能劈開真實與謊言。」

確實，智慧是一種不受他人影響、能夠獨立思考的能力；唯有帶著智慧，我們才能看清楚黑暗中的陰影。

也就是說，每個人都必須靠自己的力量得到以下的結論：什麼對我們是眞正好的？什麼是對的？什麼才是公平的、正義的？

如果選民沒有智慧，那麼民主制度只會成爲強人政治與獨裁政治；如果信徒沒有智慧，那麼宗教只會成爲圖利個人的異端邪說；如果一個社會當中的人都欠缺智慧，那麼這個社會就只能向下沈淪了！

別浪費他人的生命

就像我們的生命很可貴一樣，別人的時間與生命，也是他們的寶貝，應該給予最大的尊重與體貼才對。

文學家魯迅曾說：「時間就是性命。無端端空耗別人的時間，其實是無異於謀財害命的。」

這話雖然說得嚴重了一些，但我們確實沒有資格讓別人爲我們空耗時間。他們大可以把這段時間拿去做很多有意義的事，即使是休息都好，就是沒有必要爲我們癡癡等待，白白虛擲。

若是要誇張形容一個人的速度慢，我們通常會用「蝸牛」來比喻；不過，若是眞有人速度慢得連蝸牛都追得上，那可就十分驚人了。

一天，兩個郵差在中午休息時相約去路邊攤吃飯。剛坐下來不後，在他們座位的左前方爬來一隻蝸牛，其中一個郵差看了很生氣，立刻用腳把那隻蝸牛踩死。

同伴問他：「那隻蝸牛惹到你了嗎？」

他忿忿不平地說：「就是啊！從來沒見過這麼煩人的蝸牛，牠已經跟了我一個早上了。」

這是一個挖苦郵差速度慢的笑話，連蝸牛都可以跟郵差一個早上，送信的速度也就可想而知了。當然在今時今地，郵差們不至於這麼沒有效率，但或許在過去，很多人等信等到花都謝了還等不到。

把時間花在等待上其實是很浪費的。或許我們對於自己的時間有比較多的自主權，因而在生活中給自己一些空白，也可算是一種緩下腳步的方法；但如果是別人的時間，牽涉到的就是別人的人生與感受，甚至是別人的權益，那就不是我們可以隨便浪費的。

因此，約會時習慣遲到的人，包括你我在內，都應該好好反省。讓別人白等二十分鐘、半個小時而不感覺愧疚是很糟糕的。

如果明明知道趕不上，就應該早一點知會對方，讓對方可以利用這段時間安排一些事情，即使只是在原地等待，也可以用比較閒適的心情面對，心理上的感覺比起什麼都不知道，必定來得踏實心安。

就像我們的生命很可貴一樣，別人的時間與生命也是他們的寶貝，人人都應該給予最大的尊重與體貼才對。

別忽視前人的人生智慧

一個人的生理狀況或許會隨著歲月增加而衰退，那些累積了一輩子的經驗與智慧就像是一座寶山，絕對值得後人虛心學習。

俄國戲劇理論家斯坦尼斯拉夫斯基曾說：「讓老年人的智慧來指導年輕人的朝氣，讓年輕人的朝氣來支持老年人的智慧。」

這句話，精確點出老與少之間不同的優缺點，以及應該如何相輔相成。

一日，某太保外出搭乘公車，雖然公車上很擁擠，不過他憑藉著「勇猛」的精神，一屁股就坐在一個座位上。

當他正沾沾自喜的時候，忽然聽到身後有個蒼老的聲音：「哎喲……小伙子，你怎麼坐我的腿上呀？」

小太保臉一紅，立刻站了起來，但仍嘴硬說道：「你嚷什麼？嘴巴大？嘴巴大你能吃了我？」

「咳，咳，小伙子，這可不敢，我是信回教的。」

回教徒是不能吃豬肉的，說穿了，這位老先生是拐著彎罵太保豬呢！依他罵人的功力，恐怕被罵的人還要過幾秒，腦袋轉上一圈才發現自己吃了悶虧，薑果然是老的辣！

不只是罵人的功夫，任何智慧與經驗都需要憑靠時日的累積，才能夠慢慢地沉澱，並深入我們的心靈；同樣一件事，做一年跟做十年，絕對會有不一樣的熟練度與心得，這是無庸置疑的。在過去的手工時代，一位「匠人」需要好幾十年的時間才能夠「熟成」，也正是這個道理。

換句話說，對於「人生」有著比我們更多體會與經驗的老人們，也必定有許多值得學習與效法的地方。

少年人可能覺得老人家總是擔心這個、擔心那個，卻不明白他們的擔心其實其來有自。當看到前面有九十九個人都在這個坑洞摔倒的時候，他能夠不出聲提醒嗎？或許這些擔憂不見得會實現，但並不表示這些提醒是杞人憂天。尤其是那份發自內心的關心與關懷，我們更應該懂得珍惜。

一個人的生理狀況或許會隨著歲月增加而衰退，但我們並不能因此認定，他的所有內在都是過時而無用的。那些累積了一輩子的經驗與智慧就像是一座寶山，絕對值得後人虛心學習。

了解情況，才不會變成待宰肥羊

我們要做出決定之前，記得一定要先「做功課」。它花不了你多少精力，卻可以讓你避免因為「沒知識」而「被人宰」！

古波斯詩人薩迪曾說：「講話氣勢洶洶和容易生氣發怒，經常是暴露自己愚昧無知的一種行為。」

凡事必須三思而後行，以免做出讓自己後悔的蠢事，同時，也要先搞清楚狀況，才不會成了別人眼中待宰的肥羊。

在某個鄉下，有一對新婚夫婦，新郎和新娘完全不懂任何性知識。

就在他們洞房的那一個晚上，新郎看到新娘的下面竟然有一個洞，就十分慌張地跟新娘說：「老婆，妳下面怎會破了一個洞啊？明天我帶妳去看醫生，要不然妳會死掉的！」

隔天，新郎新娘到了醫院，新郎緊張地跟醫生說：「醫生，我老婆下面怎會有一個洞，你要用針把洞縫起來，要不然我老婆會死掉！」

醫生便要老婆進去檢查，一看之下才知道，原來是因為新郎的性知識不足，才會造成誤會。但在檢查時，醫生竟忍不住和新娘發生了關係。

檢查完之後，新郎探視一下太太的傷口後，立刻衝去找醫生：「醫生，我是叫你用針把它縫起來，不是叫你用漿糊把它黏起來！」

這位新郎都已經結了婚了，怎麼連這種最基本的知識都不知道？因爲他的無知，讓自己平白無辜戴了綠帽，卻還被蒙在鼓裡。

然而在日常生活中，很多時候我們不也像這位新郎官一樣，因爲缺乏應有的知識，在有心人士的眼中就像砧板上的魚肉一樣，只有任人宰割的份嗎？

在買東西之前，你是那種會先去調查這項產品或服務所有相關細節的人？或者，你是屬於衝動型購物，只因爲外表好看，或是因爲售貨員說得天花亂墜，你就乖乖地付錢買單？

到賣場買東西是這樣，買股票、基金、理財計劃、房子車子、健身中心的會員劵也是如此。有些東西不須要太過深奧難懂的專業，只要肯花點時間與精神，在網路、雜誌或向比較清楚內情的朋友了解一下相關資訊，聽聽其他使用者的口碑，相信就能減少很多讓自己後悔的機會。即使還不算是專家，但至少不會被那些欺負我們什麼都不懂的人唬著玩！

在我們要做出決定，不論是買不買或要不要，或是要進行任何計劃之前，記得一定要先「做功課」。它其實花不了你多少精力，但卻可以讓你避免因爲「沒知識」而「被人宰」！

有準備，人生才能走得更順暢

凡事多方設想，做好心理與其他方面的準備，就會是讓自己的人生旅程走得更穩當順暢的最佳秘訣。

相信每個人都曾經歷過考試考不好，害怕回到家免不了一頓打罵的心理壓力，因而將「帶成績單回家」視爲莫大的惡夢。

爲了避免碰上這種事，有些人乾脆事先打好預防針。雖然免不了還是會受罰，但至少可以讓「傷害」降到最低。

小明遠赴外地念書，但他並沒有如父母期望專心於學業，這次期末的考試成績更是十分不理想。

該如何將這消息告訴家人知道呢？他左思右想，於是寫了一封郵件給弟弟，信裡說：「這學期成績不好，請父親做好心理準備。」

不久之後，弟弟回覆了，信上寫道：「父親已經準備好了，現在請你做好心理準備。」

說到「心理準備」，有的人認爲需要，有的人卻認爲不用；又或者可能有的狀況下需要，有的狀況下就算準備了也沒有用。想想，若是早知道自己今天出門走路一定會摔倒，就算一直提心吊膽，等到眞的跌跤的時候，也不見得不會更痛，反而徒增事前的困擾而已。

但是在某些情況下，事前的心理建設的確對我們很有幫助。如果明知道厄運或挑戰可能來臨，那麼先將自己武裝起來，讓自己在面對逆境的時候能有更充裕的準備，絕對是必要之舉。

尤其對於自己的工作及事業，平時就要懂得從細微處洞察先機，才能在情況急轉直下，無以爲繼之前做好心理準備，先想出緩衝或是轉變的辦法。

再怎麼說，未雨綢繆的好處絕對大過壞處；很多事情，寧願事前白擔心一場，也好過事到臨頭手忙腳亂。

因此，如果你自認並不是個很懂得見機行事、臨機應變的人，那麼凡事多方設想，事先做好心理與其他方面的準備與建設，就會是讓人生旅程走得更穩當順暢的最佳秘訣。

爬得越高，越要小心謹慎

「容易滑倒的路哪兒都有，但最滑的一段卻在山巔上。」一心只想「登峰造極」的人不妨多多思考這句話的含意。

各行各業都難免會有烏龍事件發生的時候，不過，當你的職業是身繫幾百人身家性命時，恐怕小小的一個烏龍，就會變成很多人的恐慌了！

一架某航空公司班機在飛往桃園機場途中，機長突然迅速往機尾跑去，然後拿著一根緊急狀況用的斧頭跑回駕駛艙。

數位見義勇為的乘客發現機長氣喘如牛又汗流浹背，於是上前自告奮勇地問：「機長！是不是遇到歹徒劫機？需要我們幫忙嗎？」

機長：「沒有歹徒劫機，請你們回座繫好安全帶，最好也穿上救生衣。」

乘客驚慌地問：「既然沒歹徒，難道是飛機出狀況了？」

機長：「飛機很好，很正常！」

乘客：「那你要我們繫好安全帶，穿上救生衣幹嘛？」

機長回答說：「這個……我不小心把自己反鎖在駕駛艙外面，這根斧頭是要去敲開那扇門的。」

有句話說得沒錯：職位越高，責任越大。當一個位居高位的人犯了錯，牽連的範圍，通常就會比基層人員廣得多。

這本來是很簡單的道理，但是卻有許多人根本不懂，甚至不在乎，即使擔任重要的職務，在心態上，卻沒有轉換得更爲專業小心，疏忽大意甚至瀆職，那些因此而被影響牽連的人，往往只能夠自認倒楣了。

很多人都想當「老大」，想要「往上爬」，然而在這些人的心中，升遷若只是爲了自己的利益與生涯，並不想背負隨著薪資、權力提升而來的責任，不但對本身的工作是個潛在的不利因素，更可能因爲一時的疏忽或錯誤，而對其他許許多多人帶來麻煩與災禍。

有句話是這麼說的：「容易滑倒的路哪兒都有，但是，最滑的一段卻是在山巔之上。」

這句話說得眞有道理，希望能給那些一心只想「登峰造極」，卻不思衆人利益的人多一些思考空間！

別被貪心蒙蔽了你的眼睛

什麼都有的人未必比較快樂，什麼都要的人也未必比較幸福。重要的是，你究竟需要什麼？

歌手張惠妹有一首歌，叫做「原來你什麼都不想要」。

歌詞裡是這麼說的：「我不要你的承諾，不要你的永遠，只要你好好久久愛我一遍……」

不過，當我們回到現實上來看，恐怕會發現：在這個世界上，「什麼都不想要」的人實在不多，反而有很多人是「原來什麼都想要」！

在一架飛機上，有一對男女坐在一起，彼此並不認識。

此時，女的開口向空服員要了一杯果汁。

男：「我也要！我也要！」

女：「空中小姐，請再給我一些水果，謝謝。」

男：「我也要！我也要！」

後來，女子又悄聲告訴空中小姐一些話，男子雖然沒聽到內容，但還是脫口而出：「我也要！」

只見空中小姐微笑著說：「先生，你也要衛生棉嗎？」

不少人就像笑話裡的這位老兄一樣，怕別人有的東西自己沒有、別人享受到的東西自己沒有享受到，基於這種心態，非常堅持「別人有的我都要有」，可是在貪婪的想法當中，卻絲毫沒有考慮到這個東西對自己是不是眞的有用。

什麼都有的人未必比較快樂，什麼都要的人也未必比較幸福。重要的是，你究竟需要什麼？

連自己要什麼都不清楚的人，見到什麼人事物都會想要抓進手裡，完全沒有考慮到對自己是否有用？自己是否堪受？

這種人更不會自問，究竟是因爲貪心，想把這些東西抓住，還是因爲眞的需要它，有了它能讓自己更滿足、更快樂？

法國文豪巴爾札克就曾說：「貪心好比一個繩結，把人的心越套越緊，結果把理智閉塞了。」

想想，若是不懂得「捨」，「得」又有什麼意義？又能帶來什麼呢？

找到癥結，才能真正解決問題

找到癥結，問題才能真正解決。唯有正確的時間、正確的地點、正確的人員，再加上正確的做法，才能確保正確無誤的結果。

英國科學家培根博士曾說：「從確信開始的人將以懷疑結束，但甘心從懷疑開始的人，將以確信告終。」

人很容易被自己的想法操縱，被自己的眼光限制，看不見某些明顯的缺漏與錯誤。因此，我們才需要利用特定的方法幫助自己「看清」整件事情。

一個老先生找醫生醫治排泄方面的問題。

醫生問：「你小便如何？」

老先生答：「我每天早上七點小便，很準時。」

醫生再問：「你大便如何？」

老先生答：「我每天早上八點大便，很準時。」

醫生不解地問：「那你還有什麼問題呢？」

老先生愁著一張臉答：「可是，我每天早上九點才起床啊！」

問題出在哪裡？

老先生「準時」地在早上七點跟八點大小便，乍聽之下沒有什麼不對，但是，再問得深入一點，原來他每天早上九點才起床！這表示，這位老先生根本是在睡夢中大小便失禁……

西方人常常用所謂的四個「W」幫助解決與歸類世上的各種問題與情況：When（何時）、Where（何地）、Who（何人）以及How（如何）。我們遇到問題，或是愁疑難斷的時候，我們也可以用這四個「W」來釐清一些事實。就像故事裡的老先生一樣，當他在「When」上面出了毛病，當然「Where」跟「How」也就跟著「不對勁」了。

同樣的道理，當我們要擬定、規劃事情，或是計劃進行得不順遂，必須找出問題原因的時候，也可以利用這簡單的四個「W」來審視與規劃。

找到癥結，問題才能眞正解決。唯有正確的時間、正確的地點、正確的人員，再加上正確的做法，才能確保正確無誤的結果。相反的，一旦事情出了差錯，以這四個「W」來當做檢討的項目，也能夠收到事半功倍的效果。

如果在妄下斷語、著手進行之前，不怕懷疑自己，善用這四個「W」先做一些檢驗，事情一定能進行得更順利。

做人低調，不代表能力不夠好

不動聲色的人做事十分低調，如果你是個愛說話多過愛做事的人，或許應該多學學這種「鴨子划水」的精神！

別小看那些「不會說」的人，也別忽略了別人沒說出口的話。因為，並不是所有人都像電視裡的角色一樣，會把內心話當成對白來講；真正有毅力、有決心的人，往往不會逞口舌之快，但做事能力與執行卻高人一等。

有一天晚上，小呆和小如在月光下情話綿綿。

小如含羞帶怯的問小呆：「你現在在想什麼啊？」

小呆回答道：「和妳想的一樣啊！」

小如面帶羞澀地拍打小呆，並且說：「討厭啦！人家不理你了！你怎麼可以那麼低級？」

小呆：「……」

看來，小如心裡對兩人間的「親密想像」，已經坐上新幹線往前飛馳了，小呆卻還傻傻地在公路上慢慢閒逛呢！

由此可知，不說出來的，未必就比說出來的還遜，所謂鴨子划水，表面上看起來一片平靜，水底下划得可猛了！

有些人就是有這種「表面上不動聲色」的本事，而有些人則是不論幹什麼都非要大聲嚷嚷不可，這兩種極端的類型，在生活周遭都有可能會遇上。

對於後一種人，也許他們難免會有「說了十分，只做五分」的毛病，也許他們總是愛誇大、愛誇口而讓人厭煩，但我們卻很容易摸透他們心裡在打什麼主意，相處上也簡單多了。

但是，不動聲色的人就不同了，因爲他們總是對自己的計劃與圖謀絕口不提，做事也十分低調，不到必要的時候不會讓別人察覺本身的意圖，有的時候反而讓人感到害怕。

所以，千萬別因爲他們總是保持沉默與低調，就將他們看低了。

相對的，如果你是個愛說話多過愛做事的人，那麼，或許應該多學學這種「鴨子划水」的精神！

輯11.

一味掩飾，只會讓事情更難收拾

虛假的謊言沒有辦法帶來真正的建設與進展，
如果不能看清這點，一旦真相揭露，
只會讓事情變得更難以收拾。

用開放的心情看待大小事情

讓心靈保持柔軟與開放的狀態，我們就會發現，這個世界給予我們許許多多意想不到的奇妙驚喜。

別說太陽底下沒有新鮮事，就在我們的眼皮子底下，也會蹦出教人措手不及的驚奇和意外。

覺得自己的人生一成不變、再乏味不過了嗎？那可能是因爲我們不懂得抱持幽默的心情，沒有仔細發現生活周遭可能的「驚奇」。

有個農夫很想讓自己的母豬受孕，於是求助於這方面的專家。第一天，農夫把母豬載去專家那兒，事後詢問他：「如何才能知道母豬有沒有受孕呢？」

專家回答說：「只要母豬出現不尋常的舉動，就是已經懷孕了。」

第二天他把母豬裝上卡車，載去又回來後，依舊沒發生任何異樣。

第三天還是如此。

第四天他把母豬趕上卡車之後，回屋裡問老婆：「這幾天，母豬有沒有什麼不尋常的舉動？」

豈知，他老婆露出驚訝的表情看著他說：「你怎麼還在這裡？那剛剛是誰把卡車開走了？」

母豬竟然把車給開走了！如此看來，牠不但可能懷孕了，而且從此可以憑這項技藝巡迴世界公演了呢！

不過，對那些認爲生活就像一灘死水的人來說，就算母豬會開車了，又有什麼好吃驚的？對他們而言，生活不過就是把老天給予他們的時間過完罷了，所謂人生不過就是工作賺錢、吃喝拉撒，又有什麼值得大驚小怪的呢？

英國有句俗語說：「生活的妙趣寓於生活本身。」

這話說得一點也沒錯。

後院的花開了,可以是一種生活的驚奇;孩子不經意的一句話,可以是一種生活的驚奇;讀了一本好書,也可以是一種生活的驚奇。

當我們能夠對自己不設限、讓心靈保持柔軟與開放的狀態,就會發現,這個世界給予我們許許多多意想不到的奇妙驚喜,它們就在那裡,在離我們很近的地方,只等待我們用心去發現。

美麗的謊言，永遠不會變成真相

會被自欺欺人的美麗謊言所困，往往是因為沒有勇氣承擔真相。但是，就算閉上眼睛拒絕面對，真相也不會因此消失不見。

中國近代著名作家巴金曾說：「人不能用謊言欺騙自己。」不過，謊言有的時候的確是美麗的，因爲它的虛假，能使它聽起來更漂亮，更能打動別人，甚至自己。

當一個人企圖掩飾事實的時候，通常會選擇說謊；連事實都不敢面對，一心一意只想逃避的時候，不但會對別人說謊，還可能會對自己說謊。

某人在酒館裡要了兩杯酒，喝完一杯又一杯。

侍者說：「你真是好酒量。」

那人回答：「不！一杯是我的，另一杯代表我病重的朋友。」

第二天，這人又來到酒館，這次只要了一杯酒。

侍者忍不住問他：「怎麼只喝一杯酒？難道你的朋友死了？」

那人回答：「不！是『我』戒酒了。」

按照這位老兄的邏輯，意思就是：「我」戒酒了，所以這一杯酒是我「幫朋友喝的」，可不是我要喝喔！

其實，自欺欺人是最困難不過的事了。一個人有幾個腦袋？除非是精神分裂，否則怎麼可能做到「左手做的事，不讓右手知道」？既然如此，爲什麼人們老是編織一些美麗的謊言，企圖打造漂亮的假象來說服自己呢？

或許是因爲，我們實在太害怕面對現實，害怕到連自己都不敢坦誠面對。就算知道自己在騙自己，也不願意去正視。

莎士比亞曾經說過：「坦白的供認是最好的辯解。」

總是習慣用謊言遮掩一切的人，應該特別記住莎士比亞的這番話。再怎麼逃避不願面對，眞相還是確確實實地發生了，就算閉上眼睛拒絕面對，也不會因此消失不見。會被自欺欺人的美麗謊言所困，往往是因爲我們沒有勇氣承擔眞相的關係。

況且，讓自己終日沉溺在謊言的深淵無法自拔，甚至還可能讓事情越弄越糟，最後還是得自己收拾殘局。與其如此，何不乾脆提起勇氣，及早面對問題，及早設法解決呢？

年紀漸長，智慧也要跟著成長

站在人生的結算點，我們應該有能力看清楚，過去的不愉快是不是為自己上了一課，讓我們不再重蹈覆轍。

生老病死是人生必經的道路。從幼年到老年，時間總是不停地將我們向生命的下一個階段推進，不論我們願不願意。

是否想過，在我們身上，日積月累隨著年齡一同增長的，究竟是更多的智慧還是無盡的愚蠢？

有一名中年傻婦問鄰居：「你看我多大？」

鄰居不假思索地回答：「四十四歲。」

傻婦訝異地問：「你怎麼算出來的？」

鄰居回答：「我有個二十二歲的弟弟，比妳傻一半！」

如果四十歲的聰明人學習到的人生智慧是二十歲時的兩倍，那麼四十歲的傻瓜是不是比二十歲的傻瓜傻上兩倍呢？

這個問題並沒有標準答案。

但是，當你回頭看看其他人怎麼說的時候就會發現好像是這樣，正如俄國作家格拉寧所說：「到了老年，命運不過是自己做過的蠢事的歷史。」

當然，或者也有人持相反意見，認爲越老越聰明，如同美國思想家愛默生所言：「智慧是老年的精髓。」

若是綜合二者說，顯然，人的愚蠢會累積，而智慧也是一樣。同樣是走過了漫長的人生路，每個人學習到的教訓，每個人得到的經驗，卻是那麼不同。

對某些人來說，歲月不過是爲我們總結許多愚蠢的過去，而對另外一些人來說，人生的歷練卻爲他們帶來了千金難換的經驗與智慧！

人不可能不犯錯、不做傻事，但是站在人生的結算點，我們應該有能力看清楚，過去的不愉快是不是爲自己上了一課，讓我們不再重蹈覆轍。

如果沒有自我反省的能力，不懂得將失敗的經驗，轉變成自己的人生智慧，那麼無情的時間帶給我們的，眞的不過是衰老罷了。

想成功，就要與眾不同

最多人排的隊伍，可能最符合大多數人的能力與需求。若想要自闢蹊徑，就必須擁有他人沒有的能力、視野與勇氣。

有時候，做人還是得要有點勇於開創的破壞精神才行，要是你總習慣當個溫吞的好好先生，哪天等到你終於受不了，想砍人時，說不定還會發現，想砍人的也不只你一個，還是要先排隊！

話說，前蘇聯經濟蕭條，人民買東西時，都得大排長龍才買得到。

某日，一名男子排著排著實在受不了了，於是大喝道：「不排了！我要去克林姆林宮殺了戈巴契夫！」

不一會兒，卻見這名男子喪氣而歸。

旁邊的人便問：「怎麼回事？」

男子喪氣的說：「那裡的隊伍比這裡還長！」

一味照著前人的路走，你終究會發現，永遠都有人排在前面，永遠都有人更早佔了位置，於是只好繼續等待，繼續排隊。至於要排到什麼時候才輪得到你？恐怕只有老天才知道了。

但要是不想排隊，又有什麼選擇？

名作家魯迅曾說：「什麼是路？就是從沒路的地方踐踏出來的，從只有荊棘的地方開闢出來的。」

也就是說，不要重蹈前人覆轍、走前人已經走過的路，不想排隊的話，就要當第一個。做前人沒有做過的事，做他人不敢做的事，你就會是排頭，就會是站在最前面的那個人。

這當然不是一件容易的事，畢竟最多人排的隊伍，可能最符合大多數人的能力與需求。若想要自闢蹊徑，就必須擁有他人沒有的能力、視野與勇氣。

你必須冒點險，因爲沒有人在前面示範；你必須有失敗的心理準備，因爲路上多得是走錯路卻誤入深谷的前車之鑑。

但是也別忘了，如果這條路眞的通往一個人所未至的地方，那麼註定將要留下你的名字，因爲你是那第一個到達的人！

自敬自重，自然受人尊重

臉皮比城牆還厚的人，總是喜歡佔別人便宜，往往不覺得羞恥，還沾沾自喜，認為自己很聰明。

中國古代文學家揚雄曾經說過：「人必其自愛，然後人愛之；人必其自敬，然後人敬之。」

有些人値得尊重敬愛，是因爲他們尊重自己，敬愛自己。同樣的道理，一個不自敬自愛，只存心佔人便宜的人，別人也會理所當然輕視他。

一位顧客慢條斯理的在餐廳用餐，飯後還悠閒地吃水果。

可是，當侍者把帳單送上時，他卻摸了摸口袋，假裝驚慌失措地說：「糟糕，我的錢包不見了。」

侍者面無表情地問：「喔，真的嗎？」

於是，他把這個男人帶到門口，大聲命令他蹲下，然後用力一踢，一腳就把他踢到門外。

就在這時，坐在另一邊的一個顧客也自動走到門口，同樣蹲下來，然後回頭對侍者說：「結帳。」

原來又是一個吃白食的人！不過，他還算體貼，知道要幫侍者省點事，自動走到大門口蹲下，方便侍者結帳。

嚴格說起來，這兩位老兄都是臉皮比城牆還厚的人，同樣打著挨一腳換一頓霸王餐的如意算盤。

有些人就是這樣，總是喜歡佔別人便宜，甚至得了便宜還賣乖，不禁令人想問：你把其他人都當成什麼了？

有些人不想跟愛佔便宜的人計較，是因為相信施比受更有福，吃虧就是佔便宜，還有些人是因爲根本不屑這種行徑，不願意跟這種人一般見識。但是，佔人便宜的人卻往往不覺得羞恥，還沾沾自喜，認爲自己很聰明。

悲哀的是，這些人不知要什麼時候才會明白：自己並不比別人聰明，也並不比別人厲害，當別人都拒絕用言語跟自己溝通，也拒絕以禮相待的時候，其實是因爲已經不將他視爲「值得尊重的人」了！

一味掩飾，只會讓事情更難收拾

虛假的謊言沒有辦法帶來真正的建設與進展，如果不能看清這點，一旦真相揭露，只會讓事情變得更難以收拾。

如果你要求別人做一件做不到的事，那麼就不能怪別人用不正當的手段來解決。因爲，這件事的出發點本身就已經是錯誤的，硬要別人去做的後果，得到的不是灌水作弊，就是睜眼說瞎話。

據說，有一回戈巴契夫訪美，雷根邀請他享用美國最新科技成果：全自動超舒適馬桶。使用過後，戈巴契夫打從心底讚嘆，並暗下決心，回國之後，也要自行研製這種好東西。

回國後，戈巴契夫馬上下令成立一個專門研發這種馬桶的部門，研發工作進行得十分順利。

可是，某天雷根突然訪蘇，戈巴契夫措手不及，便召開緊急會議，命令馬桶部門三天後，不論如何都必須拿出成果

三天後，部門回報：「托主席的福，已經完成了！」

戈巴契夫知道後，便放心地與雷根進行會談。會中，他久久不見雷根有便意，便要人偷偷把瀉藥加在咖啡裡給雷根喝。

雷根拉完之後感到很舒適，心想：「蘇聯的確厲害，這麼短時間就研製出這麼舒適的馬桶，而且觸感輕柔，更在我國的馬桶之上。不行，我得好好研究一下，為我國的發展提供第一手資料。」

於是，雷根又一次掀開馬桶蓋，扭了一下按鈕，並低頭細看，此時只見馬桶下伸出一隻手，將雷根的臉仔仔細細抹了一遍。

要如何在三天之內研發出舒適的全自動擦屁股馬桶呢？面對這種不近情理的要

求，下面的人除了靠作弊之外，似乎別無他法。

簡而言之，若是要求本身不合理，得到的結果也必定會有問題。人性的瘋狂就在於此，在一個充滿謊言的社會，這樣的事多數人大概並不意外，因爲人人都已經習慣了「欺騙」與「虛僞」，誰還在乎眞實呢？

然而，就如奧地利作家茲威格所說：「眞相往往是粒難以下嚥的苦藥，但我們不能讓幻想像野草似地繼續生長。」

我們必須明白，虛假的謊言沒有辦法帶來眞正的建設與進展，就像一句句美麗卻難以做到的口號，雖然漂亮，但永遠也不會成爲眞實，永遠也不會有開花結果的一天。

如果不能看清這點，一旦眞相揭露，只會讓事情變得更難以收拾。

掌握溝通原則，避免誤會發生

很多誤會是可以避免的，糗事與錯誤也能不發生，但前提必須是，說與聽的雙方能夠掌握好簡單的溝通原則。

文字是溝通的重要工具，傳說倉頡造字的時候，神鬼夜哭。不過，當衆鬼神見識到人們因爲另一種溝通工具「語言」而鬧出誤會與笑話的時候，說不定會忍俊不禁呢！

同樣一句話，意思可以有很多，其中的差異也可能相差十萬八千里。

兩個人要徹底搞清楚對方的意思，除了要有默契之外，還需要有足夠的溝通智慧才行。

週末早上，張家的老爸還在做著香甜的美夢，好友老李卻已來訪。媽媽連忙對十歲的女兒說：「快，去叫爸爸。」

為什麼要叫他爸爸？難不成……只見女兒望著媽媽，遲疑了好一會兒。媽媽見狀，不悅地說：「快去叫爸爸！我說的話妳聽不懂嗎？」

事情果然像電視演的那樣！女兒的眼淚掉了下來，然後走到老李面前，怯生生地喊了一聲：「爸爸。」

「叫爸爸起床」，卻成了「叫爸爸」！沒想到少說兩個字，竟會造成這種烏龍，恐怕也是張家媽媽始料未及的。

語言就是這麼奇妙的東西，甲認爲自己已經說得很清楚了，乙也認爲自己聽懂了，可是偏偏兩個人的「理解」還是牛頭不對馬嘴。相信在我們的生活當中，一定也有許多類似的經驗。

如果說話的人能儘量使用對方容易理解的語言，隨時主動發問，了解對方的理解程度；聽話的人除了認眞傾聽之外，對於不明白的事，也能勇於承認自己沒聽清楚，請對方再說明一次，那麼，一些不必要的誤會發生機率也許會減少許多，更不會出現讓人啼笑皆非的畫面。

很多誤會是可以避免的，糗事與錯誤也能不發生，但前提必須是，說與聽的雙方能夠掌握好簡單的溝通原則，如此一來，相信應該就能避免讓「叫爸爸」之類的事再度重演！

一知半解，最是危險

一知半解的人不明白自己學錯了什麼，不了解的地方在哪裡，往往也對自己的「所知」充滿信心，拒絕學習正確的觀念。

曾有人說：「虛假的學問，比無知更為糟糕。無知好比一塊空地，可以耕耘和播種；虛假的學問就像一塊長滿雜草的荒地，幾乎無法把草拔盡。」

這句警惕我們的話，可說爲「無知」與「自以爲知」下了最好的註解，應該引以爲誡才是。

很久以前有一位農夫，大字不識幾個，算是半個文盲。

一天，農夫進城去，由於烈日當頭，走得口乾舌燥，便想找一個賣水的地方，此時忽然看見一家店門前掛著匾額，上面寫：清水池。

看得懂的人都知道這是一間澡堂，可是偏偏農夫只認識中間的「水」字，就認定那裡是賣水之處，進去之後，堅持要喝碗茶水，非要讓人端來不可。

掌櫃的拗不過他，只好要人端出一碗洗澡水來。

農夫哪裡管得了味道，咕嚕幾口就喝了下去。

喝完之後，農夫非常感激，說道：「掌櫃的，奉勸一句，你的茶水還是趕快賣掉吧，已經有點餿了。」

我們大概不難想像，農夫喝到的「茶水」會是什麼味道。

不過，這只能怪他有了先入爲主的觀念，硬是認定那是賣水的地方，還偏要到裡頭喝碗茶呢！

如果農夫完全不識字，或是能完全讀懂招牌，大概就不至於喝到這碗洗澡水了。要是完全不識字，店家說不賣水，他一定會相信；要是能把招牌上那三個字的意思都看懂，當然也就不會進澡堂討水喝了。

一個人要是一知半解，往往比全然懵懂不知還要更危險！

因爲一知半解的人常常會有錯誤的認知，不明白自己學錯了什麼，不了解的地方在哪裡，並且對自己的「所知」充滿信心，甚至拒絕學習正確的觀念。如此自以爲是，當然會爲自己帶來很大的麻煩。

輯12.

樂觀處世，就能開心過日子

即使前方看來已經沒有可走的路，

只要把心態調整好，

又有什麼樣的旅程能教我們灰心喪志呢？

讓生活簡單，就沒有負擔

有很多人總是將生活想得很複雜，使自己無法輕鬆起來。讓生活簡單一點、幽默一點，別讓已經夠忙碌的心靈徒增負擔。

人生不如意事十之八九，如果能換個角度，用輕鬆、幽默的態度看待，一切都會簡單許多。

牛頓說過：「愉快的生活，是由愉快的思想造成的。」

在生活忙碌的步調中，人們都該學會紓解自己的精神壓力，適時切換腦袋開關，將「緊」轉爲「鬆」，用舒服的身心迎接生命的下一刻。

只有懂得做自己的生活大師的人，才能讓自己活得輕鬆自在。

一位神父接到主教分配的任務，必須將一千本《聖經》銷售出去。神父覺得自己只能完成三百本的銷售量，於是決定找幾個「能幹」的小男孩幫忙賣掉剩下七百本《聖經》。

神父對於「能幹」是這樣理解的：小男孩必須言辭美妙，口齒伶俐，讓人們欣喜地做出購買《聖經》的決定。

按照這樣的標準，神父找到了兩個小男孩，這兩個男孩都認為自己可以輕鬆賣掉三百本《聖經》。即使如此，還是有一百本沒有著落。為了完成主教分配的任務，神父降低了標準，找來了第三個小男孩，給他的任務是「儘量賣掉」一百本《聖經》，因為第三個男孩有嚴重口吃的毛病。

五天過去，那兩個小男孩回來了，向神父報告販賣的情況並不是很好，他們兩人加起來只賣了二百本。神父覺得不可思議，為什麼兩個人總共只賣掉二百本《聖經》呢？

正在發愁的時候，那個口吃的小男孩也回來了。他的《聖經》全部都賣完了，而且還帶來一個令神父激動不已的消息，他的一位顧客願意將剩下的所有《聖經》都買回去。

這意味著神父將賣掉超過一千本的《聖經》，無疑地會更受主教的青睞。神父感到非常迷惑，自己看好的兩個小男孩讓自己失望，而當初根本不當一回事的小結巴卻成了自己的福星，神父決定問問他是怎麼辦到的。

於是神父問小男孩：「你講話都結結巴巴的，怎麼會這麼順利就賣掉我所有的《聖經》呢？」

小男孩答道：「我……跟……見到的……所有……人……說，如果不買，我就……唸《聖經》給他們……聽。」

有句話是這樣說的：「沒有幽默感就像是車子沒有避震器，每個小坑洞都會使你顛簸不已。」

當你看完這則幽默的小故事時，可能忍不住哈哈大笑，然後思考一個嚴肅的課題：「人們生命中的缺陷，有時候反而會成爲一種助力。」

其實，很多事情並沒有想像中複雜，可是偏偏有很多人總是將生活想得很複雜，使自己無法輕鬆起來。

就像故事中的神父，把「賣聖經」這個任務看得太嚴肅，擔心要賣的數量、未來的前途、小男孩結巴的缺陷……種種的問題讓他的心情起起伏伏，無法平靜，在想太多的情況下，一切都變得不簡單。

讓生活簡單一點、幽默一點，別讓已經夠忙碌的心靈徒增負擔。

多引導，才能使孩子多思考

孩子提出問題時，與其直接給答案，不如引導他們思考，鼓勵他們勇敢地說出心中想法，即使答案不對也無妨。

現實生活中隨時有意外降臨，也難免有左支右絀的情況發生，當你的願望一時無法達成之時，與其一味抱怨、懊惱，不如用幽默的方法秀出自己的想法，讓彼此哈哈一笑。

小明很想要一部全新的電腦，父親帶著他到電腦商場逛逛，忽然小明指著櫥窗上最貴的一部說：「我要這一台。」

小明的爸爸看了，很為難地對他說：「孩子，這一部電腦可要花你老爸一整個月的薪水啊！」

小明點了點頭，乖乖地說：「沒關係，我可以再等一個月。」

每個孩子的心中一定會有數個希望、想望，然而面對現實情況，要如何不讓孩子希望落空，讓他們對夢想熱情不減，便考驗大人的智慧了。

一如小明的情況，經濟困難有經濟困難的解決辦法，不該一味地苦撐或硬擋，因爲那並不能眞正把問題解決，只是讓孩子多添錯誤的期待。

我們都知道，「結果論」的教育方式容易出現偏差，那不只無法培養孩子獨立思考的能力，還會讓孩子產生錯誤的價值觀。

教育孩子的話題總是說不完的，我們再看看下列故事中安娜的情況，也許能激發不同的思考。

安娜的兒子準備參加長達一個月的夏令營，臨行之前她一再叮嚀兒子：「記得寫信回家啊！」

孩子點了點頭，臉上卻是一副心不在焉的樣子。

鄰居太太看了，便對安娜說：「讓我教教妳吧！妳可以先寫信給孩子，記得上面要這麼寫：『我寄了一些錢給你，希望你能玩得痛快，也吃得暢快！』」

安娜聽了，有些懷疑地問：「這樣，他就會寫信回家了嗎？」

「當然！不過，妳要記住，千萬別真的寄錢給他。」鄰居補充道。

從安娜鄰居的處理方法中，我們學習到了引導教育的方法，想讓孩子寫信，就應著孩子的需要，技巧地以「漏了零用錢」引導孩子寄回家書。不管方法好不好，當效果達成，我們會看見孩子們的改變，或許是培養了寫家書的趣味，或許是懂得思考「父母」的重要性！

給孩子正確的價值觀和正確的生活態度，絕對比提供他們富足充裕的物質享受更爲重要，這才是他們一生受用不盡的。當現代父母親習慣了直接給予，極少參與孩子活動，我們不只發現親子關係越來越疏離，還發現大人們經常不經意地給了孩子錯誤的價值觀。

以小明的例子來解析，最常見的情況是，孩子的父親沒有第一時間進行溝通，只給「好」或「不好」的答案，不能藉機教育孩子「量力而爲」的重要，也未能及時引導他們省思生活的價值。如此，只會讓孩子在未來要花加倍的功夫重建生活的態度。

在孩子成長階段中，教育自然要多費心，若孩子提出問題時，與其直接給答案，不如引導他們思考，多要求他們從各種角度思考想像，鼓勵他們勇敢地說出心中想法，即使答案不對也無妨。

如此一來，我們才能眞正地看見孩子們的成長，也才能放心地期待他們爲自己闖出一片天地。

腦袋空空才會不懂裝懂

喜歡裝氣質的人就像東施效顰一樣，總是忽略了，仿造得再像也無法隱藏自己腦袋空空的真相啊！

圖書館管理員對館長說：「這些書實在太深奧了，那些閱讀過的人都說很難懂，幾乎沒什麼人借閱。」

館長聽了，點了點頭說：「那還不簡單。」

接著，他要求管理員們把圖書位置重新更動，然後把那些深奧的書全都集中在一塊，放在一個十分引人注意的地方。

第二天，擺放這些書的架子上多了一塊牌子，上面寫著：「這些書較深奧難懂，需要有高深學問的人才能明白。」

沒想到這牌子一放，當天下午，架子上的書便全都被借光了。

這是一個非常有效的手段，也是一個非常有趣的現象，很寫實地說明了人性中的「虛假」面。原本書安靜躺在某個角落裡不見人光顧，直到館長刻意彰顯它們的「不凡」，才挑起那些好「故作聰明」的人借閱，只是最終是否眞能帶動人們內在提升的效果，恐怕又是另一回事了。

有對男女正在對話，男人對女人這麼說：「名人都說，沒有書的房子只是個沒有靈魂的軀體。」

女人則反駁說：「喔，照這麼說，有書不讀的人便是靈魂出竅囉！」

女人絕妙地反駁，讓人不禁想起一些人的虛僞造作，例如那些喜歡把精裝套書成堆擺滿屋子，用來妝點自己的人，若問他們圖書是否翻閱了，我們不難得到否定的答案，不是嗎？

事實上，這些喜歡裝氣質的人就像東施效顰一樣，總是忽略了，仿造得再像也無法隱藏自己腦袋空空的眞相啊！

沒有人不知道知識必須踏實累積，那就像一個人的氣質，若不是眞正發自於內的，再好的包裝與僞裝，也隱藏不了內在的虛實。讀書也是如此，若不能深刻閱讀，不能廣泛思考，自然難成眞正有「高深學問」的人。

遇到那些有書不讀的人，不妨學學第二則故事，幽默地告訴他們，書不是買來裝飾自己的，一定要勤翻閱，更要勤思考，不要讓書成爲牆上的裝飾品，也不要讓自己成了知識記錄器，因爲高深的學問強裝不來，唯有融會貫通，才能將所學換成自己眞正的知識學問，才能創造未來的新知。

想創造未來的人別忘了「踏實」兩個字，深奧的書讀不來又何妨？坦白自己的領悟力不夠，需要很多人教導又何妨？最重要的是，不懂就要設法搞懂，那麼無論別人如何否定或嘲弄，都絲毫減損不了我們的才智與風采。

真心誠意，勝過任何人禮

想與人相交，請記得打開心胸，只要認真待人，那麼動作不必太多，更無須花大錢，同樣能得一顆又一顆的真情真心。

年輕的新娘正在整理剛收到的結婚禮物，其中有一件禮物讓她感到十分困擾，竟然是三把雨傘。

這麼一來，再加上新娘家中原有的雨傘，已超出一家人的需要了。因為用不到那麼多雨傘，她只好將其中一把拿到禮品店，想更換其他適用的東西。然而，當她向店員說明更換理由後，店員卻告訴她：「對不起，這把傘不是在本店買的。」

新娘子不解地問：「怎麼不是你們店裡的呢？你看，傘架上還貼有你們的店名與地址的標籤啊！」

「那上面的店名地址確實是這裡，不過很抱歉，這只能表示一件事，便是這把傘曾經在我們這兒修理。您沒看見我們店門口掛的牌子嗎？上面清清楚楚寫著『本店專修雨傘』的告示，不是嗎？」店員很清楚地解釋。

新娘子連忙走到屋外，一看果然是雨傘維修站，回家後，她又看了看另外兩把雨傘，發現上面也同樣貼著這家店的廣告標籤。

朋友準備的結婚賀禮竟是二手貨，不只如此，那件「禮物」還是他們原本準備丟棄的東西。

資源回收再利用，本來是件好事，可是準備禮物的人是否真心誠意卻又是另一件事。看似微不足道的小禮物，卻充分呈現親友對新婚夫妻祝福的心思，究竟是真心還是假意。

不妨藉著這個故事反省自己，當我們祝福道賀別人時，心中是否也時常劃分著親疏遠近，準備禮物時是否也有過類似的應付心態？

仔細想一想，然後再藉著羅爾德先生的動作延伸思考。

這天早上，羅爾德先生急匆匆地對傭人說：「史密斯，快點把望遠鏡拿來，我要去參加一場葬禮。」

「先生，為什麼要帶望遠鏡呢？」傭人不解地問。

「因為，死者是我的一個遠房親戚啊！」羅爾德說。

如此虛假地表現情意，相信亡者並不會感到安慰吧！一如新娘收到的舊雨傘，接收到如此敷衍了事的「祝福」，再好的心情也會變壞。

如果是另有隱情，無法送出體面的禮物，坦誠說出，一定能獲得諒解。然後給對方一個真心且真情的祝福擁抱，相信會比那三把應付交差的二手雨傘更讓人感動且益加珍貴。

再將祝福道賀的事放大來看，現代社會的人際關係，人事之間的交流總習慣用物質來換取或拉攏人心，卻鮮少有人注意到，事物雖然好準備，但情意真假卻不難看透啊！

如果我們待人處世是虛情假意的，人們也會感受到其中的虛偽，再好的珍品也會因此失色，變得一文不值。

想與人相交，請記得打開心胸，只要認眞待人，那麼動作不必太多，更無須花大錢，同樣能得一顆又一顆的眞情眞心。

主動出擊，機會才會屬於你

機會已在眼前，與其退縮等待，不如上前把握、確認，聰明的人總能在對的時間找到對的人，給自己一個幸福的愛。

這天，長相英俊的總經理問小慧晚上有沒有空，小慧心裡小鹿亂撞：「他該不會是對我有意思吧？」

小慧欣喜地想著，跟著連忙說：「我有……有……有空，有空！」

總經理聽了點點頭，隨即又說：「有空的話，晚上早點睡覺吧！免得每天上班時間打瞌睡。」

會錯意當然讓人尷尬，但至少一切猜想還隱藏心中沒有說出來，不至於表錯情。

只是，像這樣的白日夢還是少做一點，畢竟連續劇裡那種誇張、戲劇性的機會在現實生活中很少見，即便眞的發生了，也是千萬分之一的機會。生活要踏實，追求愛情更要平實，如此，才能找到眞正的幸福。

面對愛情，除了不要有不切實際的幻想之外，不讓錯誤的想像耽誤自己，最好的方式便是主動出擊，主動證實那份「情緣」到底是否屬於自己！

麗莎愉快地來參加朋友的舞會，唯一美中不足的是，她沒有舞伴相陪，一整個晚上只能乾坐在角落，讓她感到無趣且無聊極了。

這時，前方有位瀟灑的男士朝她走來，麗莎看見了，心跳開始加速，心想：「太好了，有人來邀舞了，我該怎麼表現才好呢？」

只見男子靠近後便問她：「小姐，請問妳要跳舞嗎？」

麗莎一聽，連忙站了起來，然後禮貌地說道：「好，謝謝！」

當麗莎準備伸手時，沒想到男士卻接口說：「好極了，那我就可以坐妳的位子了，妳知道嗎？我站在那兒很久了，腳實在很痠啊！」

在這樣的場合，不管男人女人無不希望自己能成爲衆人矚目的焦點，也無不希望能被人欣賞邀舞，若是希望無法達成，就只能躲在角落自艾自憐。

其實，故事中麗莎雖然表錯情意，尷尬不已，但換個角度看，故事中的男人不也同樣是朵「壁花」？男子坦白「站立許久」的話，以及玩笑式地坦誠腳痠，不正說明了他正在尋找目標？

這時，聰明的麗莎該做的，不該是氣惱男子不解風情，應該試著主動出擊，主動地捉住機會才是。畢竟機會已在眼前，與其退縮等待，不如上前把握、確認，譬如找出男子腳痠的原因，或許他是因爲不知道該如何邀請女生，才想出了這麼一個藉口搭訕啊！

愛情沒有什麼遊戲規則，想愛就愛，愛得太辛苦太累了，就學會放下，不想愛就學會放手。只要兩個人好好溝通，不相互爲難，聰明的人總能在對的時間找到對的人，給自己一個幸福的愛。

用鼓勵代替冷言冷語

把心放寬一些，學會用鼓勵的方式來振奮人心，而不要用指責或苛責的話來刺激對方，更能激發對方積極向上。

乞丐對著一名富翁說：「先生，您能不能給我一點錢，讓我買杯咖啡？」

富翁不屑地說：「你憑什麼要我請喝咖啡？你為什麼不靠自己的勞力養活自己？我認為，人類需要的是更多的聰明智慧，而不是更多的錢。」

乞丐點了點頭說：「是的，先生您說得很對，正如您所說的，請允許我幫您分擔那些您已經太多的東西！」

富翁看似有心規勸，實則話中隱含歧視態度，任誰聽了都覺得不舒服吧！

反觀故事中的乞丐，看著他反唇相譏，嘲諷富翁空有財富卻智慧不足，想必讓不少人莞爾一笑吧！

常見的人際溝通當中，其實這類情況經常出現，有些人說話總愛兜兜轉轉，以爲能藉此掩飾心中的不滿與不悅，殊不知話中帶話，反而更容易造成人們誤解。又有一些人以爲暗中嘲諷，對方便不會察覺，但事實上反而更添對立！

與人相處，最重要的是心意眞誠，即使玩笑話也要多一點恭謙溫厚的態度，太過針鋒相對，一點也無益於彼此間關係的維護，一如下面這則故事。

男子對著朋友們說：「你們看，我的頭髮依然如此烏黑亮麗，但不知道為什麼我的鬍鬚卻越來越白了？你們知道這是什麼原因嗎？」

其中一位朋友聽了，冷冷地回答說：「原因很簡單，那是因為你用嘴的時候，比用腦的時候多！」

試想，如果朋友像這樣冷言嘲諷對待，有多少人不會感到不悅，又有多少人眞的能一笑置之？心中不會出現疙瘩的總是少數，多數人還是會感到不悅且不滿，畢竟沒有人喜歡被人否定、嘲笑，人總是希望自己能被肯定或被尊重對待，不論身爲乞丐，還是和我們親近的友朋。

這樣的人際互動道理其實並不難懂，想少一點對立，話便得說誠懇謙遜些，不是眞話說不得，而是話中要少一點針對，少一點嘲笑諷刺，才能少一點人際衝突與溝通阻礙！

別忘了一念之心的重要，我們總在不經意間將待人處世的態度展現出來。

別人是正面肯定，還是偏頗否定，我們都能輕易地感受到，若是後者，即使我們不計較、對抗，心中也不免存有芥蒂，彼此之間從此便多了一條裂縫，即使不明顯，始終是個隱憂，難以預料何時會爆開。

所以，把心放寬一些，學會用鼓勵的方式來振奮人心，不要用指責或苛責的話來刺激對方，更能激發對方積極向上。對話少一點冷嘲熱諷，自然讓人少了那些不必要的壞情緒，自然能擁有圓融和氣的人際關係。

樂觀處世，就能開心過日子

即使前方看來已經沒有可走的路，只要把心態調整好，又有什麼樣的旅程能教我們灰心喪志呢？

生活中充滿了許許多多的選擇，如何選擇便構成了我們的人生。

不論什麼事，都有光亮的一面與黑暗的一面，我們的選擇其實很簡單：你是挑亮的那面看？還是挑暗的那面看？

看到光明面的人是幸福的，雖然他們知道黑暗面的存在，但還是願意選擇用樂觀的角度去接納、面對。

有個人到醫院去檢查，做了許多測試。

醫生說：「有好消息也有壞消息，你要先聽哪一個？」

這人便說：「那我先聽壞消息好了。」

醫生說：「是這樣的，看過你的測試結果後，我發現你有潛在的同性戀傾向，而且難以根治！」

這個人說：「我的天啊！那好消息呢？」

只見醫生靦腆地說：「那就是……我發現你還蠻可愛的耶……」

其實，身爲同性戀又怎麼樣呢？同志們可不是個個都像〈斷背山〉裡的主角那麼淒苦的，更何況這部片還拿了奧斯卡。重要的是，只要賣相好，不管你是同志還是異性戀，也是到處吃香呀！

作家古華曾經說：「生活像是一條河，一條流著歡樂也流著痛苦的河，一條充滿凶險又興味無窮的河。」

如果我們的人生長河有著與別人不同的路線和風景，那是不是表示我們就非得自憐自傷、非得憤世嫉俗不可？

答案當然是否定的，我們反倒應該懂得去欣賞一路上那些難得的景色，即使身在激流、危險當中，即使前方看來已經沒有可走的路，只要把心態調整好，又有什麼樣的旅程能教我們灰心喪志呢？

樂觀處世就能開心過日子，如果凡事都可以往好的方面想，你就會發現，這個世界是如此地開闊並充滿希望！

成功與否，不能光靠運氣

如果一遇到不順利的事就只會怨天尤人，遇上了好運只知道翹著腳享受，這樣的態度是很難抓住成功的。

世上的事其實很難說，對照一下身邊人的遭遇，相信沒有人會否認，厄運有時會讓人因禍而得福，好運也可能會讓人陰溝裡翻船。

最近辦公室的電腦系統故障頻繁，凱西因此堆積了不少工作。

有一天，她加班後開車回家，卻因為超速被警察攔了下來。

「今天真倒楣。」凱西嚷道：「公司的電腦時好時壞，好了又壞，壞了又好，害我下了班還得趕工，現在又碰上這種事！」

警察沒理會她的牢騷，馬上開了罰單。

過了好久，只見警察拿著她的駕照回來，苦笑著說道：「真不巧我們的電腦剛好也壞了。」

《聖經》裡有這麼一句值得玩味的話：「厄運有時會導致成功，好運有時會導致失敗。」

世事不正是如此嗎？對凱西來說，老是故障的電腦系統固然是她的災星，卻也可能是福星呢！若非如此，她又怎麼躲得過被開紅單的命運？

因此，一件事情發生了，對自己來說究竟是福是禍，或許當下，是很難做出正確判斷的。

某人看似交上便宜、佔盡好運，但是幾年之後我們會發現，那件事對他來說未必是幸運；另外有些人看來好像時運不濟、諸事不順，可是在時機轉變之後，當初讓他倒楣的機運，卻反而可能爲他開拓一片新的天地。

我們永遠沒辦法證明，世上究竟有沒有「命運之神」的存在，但是卻能肯定地說，命運或許難以掌握，但是一個人成敗與否，最重要的決定性因素，還是掌握在自己手上。

如果一遇到不順利的事就只會怨天尤人，不懂得用樂觀、幽默的態度面對；如果遇上了好運只知道翹著腳享受，不思考如何讓自己的優勢長長久久，這樣的態度是很難抓住成功的。

靈活運用說話攻略

把你的話語滲透到對方的心理

王照 編著

Talking Strategy

Sony公司創辦人盛田昭夫曾說：

「和機器打交道的時候，你可以是完全理智的，但是與人互動之時，有時你不得不把邏輯放在次要的位置。」

日常生活中，我們都免不了和別人打交道，無論是交談、交易，或是涉及權益的談判，常常考驗著我們的應對能力及說話能力。想從這些談話中獲得勝利，要訣是視實際狀況，時而抓住某些議題，時而避開某些議題，藉機把自己的意思滲透進對方的心裡，讓結局有利於自己。

用幽默的方式，表達你的意思

作　　者　文彥博
社　　長　陳維都
藝術總監　黃聖文
編輯總監　王　凌
出 版 者　普天出版家族有限公司
新北市汐止區忠二街 6 巷 15 號
TEL / (02) 26435033 (代表號)
FAX / (02) 26486465
E-mail：asia.books@msa.hinet.net
http://www.popu.com.tw/
郵政劃撥 19091443 陳維都帳戶
總 經 銷　旭昇圖書有限公司
新北市中和區中山路二段 352 號 2F
TEL / (02) 22451480 (代表號)
FAX / (02) 22451479
E-mail：s1686688@ms31.hinet.net
法律顧問　西華律師事務所・黃憲男律師
電腦排版　巨新電腦排版有限公司
印製裝訂　久裕印刷事業有限公司
出 版 日　2020 (民 109) 年 10 月第 1 版
ISBN◉978-986-389-742-2　　條碼 9789863897422

國家圖書館出版品預行編目資料

用幽默的方式，表達你的意思／
文彥博著.—第 1 版.—：新北市,普天出版
民 109.10 面；公分. - (溝通智典；16)
ISBN◉978-986-389-742-2 (平裝)